일러두기

 화가의 본래 이름은 '빈센트 반 고흐'이다. 그러나 이 책에서는 평소 우리에게 익숙한 '고흐'라는 이름으로 축약하여 사용했다.

 이 책에 있는 그림은 모두 고흐 작품이다. 따라서 작품 출처에 빈센트 반 고흐라는 작가명은 생략하였다. 각 그림에 대한 정보는 고흐가 지인들에게 보낸 편지를 활용하여 화가의 의도를 파악하는 데 도움이 되도록 했다.

 편지를 보낸 날짜는 일부 추정된 것이다. 편지 내용은 그림과 관련된 내용으로만 대폭 축약되었고, 이해가 쉽도록 정리되었다.

반 고흐의 그림을 시로 읽다

서상윤 시집

Vincent

도서출판 유니북스

별이 빛나는 밤 1889 73×92cm 캔버스에 유화

고흐는 그림을 그린 10년 동안, 네덜란드-파리-아를-생레미-오베르 쉬르 우아즈로 옮겨 다니며 화풍의 변화를 시도했다. 따라서 시기별로 내용을 전개하였다. 그의 영혼을 그린 자화상은 40여 편중 7편을 선정, 별도의 장으로 구분, 제시했다.

차
례

머리말

독자들의 시(詩) 소비 경향이 바뀌고 있다. 대체적으로 짧고, 가볍고, 감각적인 시를 요구하고 있다. 그래서 세 줄의 짧은 시(詩)로 감정을 농축하여 다양한 정서가 유발되도록 했다.

시(詩)는 모두 고흐의 그림을 모티브로 작성되었다. 그림을 읽으면서 순간의 미를 포착하고 고흐의 감성과 연결해보았다. 시(詩)를 단순히 읽는 것을 넘어 각각의 단어가 주는 감정과 이미지에 집중하기 바란다. 함축된 내용이 서서히 풀려 질 것이다.

시(詩)와 그림은 그 경계가 중첩되어 서로 넘나듦이 자연스럽다. "시(詩) 속에 그림이 있고 그림 속에 시(詩)가 있다"라는 말이 잘 어울리는 대목이다.

각 그림의 감상 포인트는 고흐가 동생 테오에게 보낸 편지 내용을 제시했고, 각 시(詩)의 감상 포인트는 '작가의 말'이라는 내용으로 제시 했다.

고흐는 37년간의 짧은 생애를 외로움, 상처, 가난, 질병, 무시 등을 겪으며 살았지만 그림에 대한 열정은 멈추지 않고 오히려 불타올랐다. 그가 삶의 한 가운데서 맞이해야만 했던 실패와 좌절, 고통과 아픔, 결핍과 공허의 순간들을 80편의 시(詩)가 어떻게 넘어서고 있는가에 집중해 보기 바란다.

고흐는 눈에 보이는 모습대로 그림을 그리지 않았다. 자신의 기억과 감정을 결합해 새로운 장면을 만들어냈다. 시간과 날씨에 따라 변화하는 빛을 집요하게 관찰하고 이를 다양한 색채로 표현했다.

시인들은 시(詩)를 지을 때, 순간적인 영감을 포착하여 시에 담는다. 그리고 감정을 직접 표현하지 않고, 간접적으로 혹은 낯설고 이질적인 언어를 사용하여 새로움을 창출해낸다.

필자는 ’길 위의 인문학‘이란 프로그램을 매년 진행하고 있다. 프로그램은 예술 장르인 문학+그림+음악의 콜라보다. 그림을 시(詩)로 풀어내고, 시(詩)를 노래와 함께 풀어낸다. 참여자들은 장르의 통합을 통해 풀어낸 결과에 매우 흥미로워했다.

고흐는 미술에 대해 잘 모르는 사람들도 그의 이름 정도는 알 만큼 우리에게 친숙한 존재다. 독자들이 이 시집을 통해 고흐를 더 많이 알아가는 기회가 되었으면 좋겠다.

최근 고흐 작품 76점이 서울과 대전에서 특별전시(보험가 1조 원 상당)되어 선풍적인 인기를 끌었다. 이에 부응하여 고흐의 작품을 시집(詩集)으로 엮어낸다는 사실에 흥분되고 기대도 크다.

2025. 봄. 대전시립미술관 반 고흐 특별전시장에서

john peter russel 캔버스에 유화 반 고흐 미술관

빈센트 반 고흐(1853~1890)

존 피터 러셀(1858~1930)의 빈센트 반 고흐 자화상 1886. 60.1x45.6cm

들어가며

천재 예술가이자 비극적인 삶을 살았던 고흐, 그는 10년 간의 화가 생활 중 불꽃 같은 열정으로 2,000여 점(유화 900여 점) 그림을 남겼지만, 단 한 점밖에 팔지 못했다는 일화가 있다. 그는 스스로 귀를 자르는 사건을 일으켰고, 자살로 생을 마감했다. 그럼에도 그는 왜 세계적으로 사랑받는 화가가 되었을까. 주옥같은 그의 작품에는 어떤 비밀이 숨겨져 있는 걸까. 각 그림에 담긴 영혼을 시(詩)로 풀었다.

나는 개다

나는 덩치가 크고, 털이 많으며, 집안을 지저분한 발로 드나들며, 모든 사람에게 걸리적거리고, 짖는 소리도 아주 큰 불결한 짐승이다. 그런데 이 개는 사람의 내력이 있고, 사람의 영혼이 있다. 다른 개와는 달리 아주 예민해서 사람들이 자신에 대해 어떻게 생각하는지 느낄 수 있을 정도이다.

이 집은 나에게는 너무 과분하고 가족들도 세련된 사람들이다. 그리고 목사도 있다. 그들이 이 개를 계속 집에 두는 이유는 좋아서가 아니라 그저 참고 있을 뿐임을 개도 알고 있다.

작가의 말 ....

위 시 는 산문시의 면모를 보인다. '개'라는 객관적 상관물을 통해 고흐 자신의 감정을 이입하고 있다. 고흐는 이곳저곳 떠돌다가 가정이라는 울타리로 돌아왔지만, 가족으로부터 소외되고 상처를 받았다. 현재 고흐는 심리적으로 매우 불안정한 상태이다.

이 개는 한때 아버지의 아들이었지만 그를 길거리로 내쫓은 사람은 아버지다. 너무 오랫동안 쫓겨나 있던 이 개는 더 사나워졌다. 개는 사람을 물 수도 있고 광견병에 걸릴 수도 있다. 개는 이곳에 돌아온 것을 후회한다. 황야를 떠돌 때도 이처럼 외롭지는 않았다. 불쌍한 짐승이 돌아온 것은 생각이 모자란 탓이다. 같은 실수를 반복하는 일이 다시는 없기를 바랄 뿐이다.

 나는 개로 남아 있을 것이고, 가난할 것이고, 화가가 될 것이다. 또 나는 자연 속에서 살아가는 사람으로 남고 싶다.

1883.12.15 빈센트 반 고흐

출처: 빈센트 반 고흐, 『반 고흐, 영혼의 편지』 (신성림 옮김), 위즈덤 하우스.2017

....

 누구도 자신을 대변하지 않는 처지가 억울하고 안타깝다. 불쌍한 개처럼 살아가야 하지만 화가라는 꿈을 잃지 않겠다는 의지를 분명히 밝히고 있다.

사이프러스와 별이 있는 길 1890.5 92×73cm 캔버스에 유화

Road with Cypress and Star 크뮐러뮐러 미술관 소장

내가 어디를 가더라도

검은 옷을 입은 불행한 사람이

내 곁에 다가와 앉아

마치 형제처럼 나를 쳐다보네

- 빈센트 반 고흐

작가의 말 ···

위 시는 고흐가 뮈세의 시 〈12월의 밤〉을 읽고, 자신의 처지를 빗대어 쓴 글이다. 사이프러스는 죽음과 영원을 상징하는 나무다. 고흐는 37세에 스스로 생을 마감하고 별을 향해 떠났다. 고흐의 임종을 지켜본 의사 가셰는 "고흐는 정직한 사람이었고, 위대한 화가였다"라고 말했다.

1부

네덜란드 시기

고흐는 7년여간의 화상 생활과 4년여간 여러 직장을 전전한 끝에 1881년 화가가 되었다. 동생 태오의 지원이 큰 힘이 되었다. 제대로 미술 교육을 받은 적 없었던 그는 당시 친척인 네덜란드 화가 안톤 마우베로부터 18개월간 지도받은 기초 수업을 토대로 그림을 발전시켜 나갔다.

초기 네덜란드 시기의 화풍은 소외계층의 고단한 삶을 대변하듯 전체적으로 어두운색의 톤을 사용했다.

이 시기 그는 사촌인 '케이'에게 청혼을 했지만, 결국 심한 상처만 입고 거절당했다. 고흐 가족과 친척들도 그의 애정관에 크게 실망했다.

이후 고흐는 거리의 여인이었던 '시엔'을 거두어 처음으로 아주 짧게나마 가정을 꾸렸고, 누군가 자신의 편에서 가장 가까운 관계가 되었다는 데 커다란 희열을 느꼈다. 그는 2년여간 그녀와 동거를 하며 결혼하려 했으나 가족의 반대와 경제적인 문제로 헤어졌다. 시엔은 다시 거리의 여인으로 전락했다. 이 사건을 계기로 고흐는 부모와 친지들로부터 거리가 더욱 멀어졌다.

그는 가난한 농민의 참상을 주로 그렸다. 땅에서 그들의 손으로 일궈낸 수확물로 살아가는 정직한 사람들을 그리면서 인간에 대한 무한한 애정을 표현하려 했다. 인간의 진실한 모습을 그려내는 것이 화가의 길이라고 믿었기 때문이다.

1881~1885

화가의 길을 시작하던 시기

슬픔(시엔) 1882 44.5x27cm 종이에 연필과 잉크 등

Sorrow 크뢸러 미술관

테오에게...

　남자한테 버림받은 '시엔'이라는 거리의 여자를 돌보고 있다. 겨울에 길을 잃고 헤매고 있는 임신한 여자다. 나는 거처를 내주고 빵을 나누며 그녀와 그녀의 아이를 배고픔과 추위에서 구할 수 있었다. 나는 무너져가는 그녀를 그냥 볼 수는 없었어. 그녀가 내 곁에 있는 동안, 우리는 서로를 지탱할 수 있었지. 그녀도 나도 불행한 사람이니 서로의 짐을 나누어 불행을 행복으로 바꿔주겠다. 사랑이 좌절된 후 나에게 찾아온 유일한 사랑이다. (1882.5)

시엔의 고백

세상의 눈은 얼음장

내 몸은 허옇게 마른 나무

너는 메마른 나뭇가지에 맺힌 이슬

작가의 말 ....

 그림 속 시엔은 가난의 흔적, 상처, 사랑받지 못한 존재로서 고흐의 삶과 일부분 일치한다. 임신 상태였지만 가슴은 축 처져 있고, 삶에 찌들어 얼굴조차 들기 싫다는 듯 고개를 파묻고 있다. 시엔은 고백한다. 세상은 우리를 비웃고 있지. 그러나 우리는 같은 줄을 탔어. 나는 그의 밤하늘을 지키는 별, 그는 내 어둠을 밝히는 불꽃. 아, 그대여. 눈물이 실타래처럼 풀려요. 사랑은 기쁨보다 아픔일까요. 슬픔도 아름다울 수 있는 걸까요.

에텐 정원의 추억 1888 92.5 x 73.5cm 캔버스에 유화

Memory of the Garden at Etten 예르미타시 미술관

테오에게 ....

 나는 사랑 없이는 살 수 없고, 살아서도 안 된다. 그러기에 여자가 필요하다. '케이'는 '영원히 아니요'라고 말했지만, 나는 그 말이 언젠가는 변할 수 있다고 믿는다. 나의 사랑은 진심이며, 그 어떤 것보다 강하다. 나는 그녀를 기다렸고, 그녀를 보기 위해 무엇이든 할 준비가 되어 있다. 사람들은 이것이 집착이라 했지만, 나는 사랑이었다고 믿는다. (1881.12)

아
픈
사
랑

입속으로 뛰어드는 그녀의 거절

혀끝에 맴도는 그녀의 냉기

겨울 서리를 씹은 듯, 심장이 저렸다

작가의 말 ....

고흐는 7살 연상인 미망인이자 사촌인 케이에게 연민을 품었다. 수차례 사랑을 고
백했지만 '절데 안 된다'라며 번번이 거절당했다. 하지만 고흐는 봄이 오면 종달새는
노래하지 않을 수 없고, 얼어붙은 땅도 녹지 않을 수 없다며 집착했다. 그녀는 고흐
의 반복적인 고백에도 "아니_결코_절대 안 돼"라고 일관했고, 그는 심한 상처를 받았
다. 그림 좌측이 고흐가 사랑을 고백했던 사촌 '케이'이고 우측이 어머니다. 한편 '케
이'라기보다 여동생 '빌레미엔'이라는 설도 있다.

누워있는 소 1882 50×30cm 캔버스에 유화

Lying Cow 개인소장

테오에게 ....

나는 들판에 누워있는 소를 그렸어. 그 고요한 모습은 마치 자연이 숨을 쉬는 것 같았지. 사람들은 종종 그런 단순한 장면을 무시하지만, 그 안에는 놀라운 평화가 있어. 나는 그것을 그리고 싶었어. 소는 말이 없지만, 말보다 더 많은 것을 말해주는 존재야. 그것이 바로 내가 그림에서 찾고 싶은 것이야. (1882)

침묵의 울림

지금은 쉼이 필요한 시간

소의 등을 타는 바람이 귀밑머리 지날 즘

땡그렁_고요가 출렁거렸다

작가의 말 ....

농촌에서는 살림 밑천이었던 소의 귀밑에 풍경을 매달아 도난방지장치로 활용했다. 미래의 삶이 소처럼 열심히 일하면 안정적인 삶을 살 수 있지 않을까 하는 염원을 표현한 듯하다. 하지만 그의 삶은 기대와 달리 안정되지 못했고 계속 출렁거렸다. 콧김을 축축 내뿜는 깜돌이, 초원을 이부자리 삼아 고단한 노을을 접는다. 산다(生)는 것, 소(牛)가 외나무다리(一) 건너듯 힘들지만, 우리는 그 길을 오롯이 가야만 한다.

복권판매소 1882 38×57cm 수채화

The State Lottery Office 반고흐 미술관

테오에게 ....

 복권방 앞에 모인 사람들은 모두 가난한 사람들 같았어. 얼굴에서 삶의 피로가 묻어 있었지. 환상을 갖는 것이 유치해 보일 수 있지만, 그들 입장은 심각한 문제일 수도 있겠지. 하지만 그들에게는 뭔가 아름다운 진실이 있었어. 내가 그린 그림은 비참함을 드러내기 위한 것이 아니라, 그 속에 살아 있는 의지와 생존의 아름다움을 보여주고 싶었기 때문이야. 사람들은 복권을 사며 작은 희망을 품는다. 나는 그 희망이 서민의 삶을 어떻게 지탱하는지 그리고 싶었다. (1882.10.1)

복
권

달의 껍질을 벗기다 손을 데었다

우주의 틈새에 동전을 던졌는데

타버린 재만 허공에서 웃었다

고흐 스스로는 복권을 산 적이 없었지만, 복권 방 앞에 모여든 그들을 이해했다. 고흐는 당시 테오가 보내 준 돈으로 생활했고, 연인인 시엔과 그의 가족까지 돌보고 있었기 때문에 어려움이 많았다. 이 그림에서 그는 돈에 허덕이며 거리로 나앉아 버린 시엔의 절박한 심정을 생각해 보며, 이들에게 복권은 마지막 삶의 몸부림 혹은 실낱 같은 희망이었을 것으로 생각했다.

직공이 있는 베틀 1884.4 68.3×84.2cm 캔버스에 유화

The Weaver 반 고흐 미술관

테오에게..

 나는 어두운 방에서 베를 짜는 직공을 그렸다. 나무로 만든 거대한 베틀 안에 앉아 있는 그 모습은 마치 사람이 기계에 삼켜진 듯한 느낌을 주었어. 하지만 그 속에는 위엄이 있어. 그는 침묵 속에서 일하고, 묵묵히 자기 일을 완수하지. 이런 인물이야말로 내가 그리고 싶은 인간상이야. 베틀은 고요한 악기 같아. 실이 오가며 음악처럼 일상이 짜아지는 것을 보면, 노동이 얼마나 고귀한지 느낄 수 있다. 나는 땀으로 더러워진 베틀에서 '덜컹거림', '한숨', 또는 '탄식' 같은 소리가 들리기를 원했다. (1884.3)

베틀
노래

철커덕 철컥

끝나지 않을 이 노래

얼마나 많은 꿈을 짜고 또 짰을까

작가의 말 ....

하루의 고단함을 짓누르듯 얽히고설키고, 잇고, 엮으며 얼마나 많은 꿈을 짰을까.
베틀과 실 사이로 바람이 지나듯 수축과 이완을 반복하며 얼마나 많은 땀을 짰을까.
철커덕 철컥~~ 끝나지 않을 이 노래, 거미줄을 치고 먹이를 찾는 거미처럼 얼마나 많
은 한숨을 짜고 또 짰을까.

감자 먹는 사람들 1885.4   114 x 82cm 캔버스에 유화

테오에게 ....

 그림의 분위기는 어둡고, 사람들의 모습도 아름답지 않아. 하지만 나는 현실 그대로 농부들의 삶을 보여주고 싶었어. 감자를 먹는 손, 얼굴, 방 안의 공기까지도 그림에 담고 싶었어. 농부들이 램프 등불 아래에서 집어 먹는 감자가 바로 그들의 손으로 땅을 일구고 수확해서 식탁에 차린 것이라는 사실이었어. 말하자면 손으로 하는 노동을 통해 정직하게 일해서 얻은 식사를 보여주고 싶었지. (1885.4.)

감자 먹는 사람들

까맣게 여윈 주름살

거칠고 투박한 손길

눈부신 진심이 그 속에 배어 있다

작가의 말 ....

종일 밭일에 지친 몸으로 돌아와 어둠과 초라한 집에서 감자로 한끼를 해결하는
소박한 기쁨을 누리고 있다. 진실하게 노동하고 감자를 거두는 검은 손길에는 흙의
향기가 가득 묻어 있다. 감자는 식구들을 삼키며 성스러운 하루 의식을 치른다. '무엇
이 이 세상을 밑바닥에서부터 지탱하고 있는가'라는 질문에 답을 던지고 있다.

흰 모자를 쓴 여인의 초상 1884 44×36cm 캔버스에 유화

Head of a Woman Wearing a White Cap 크뢸러 뮐러 미술관

테오에게 ....

나는 지금 시골 여인들의 머리를 그리고 있다. 햇빛에 탄 얼굴, 거칠지만 진실한 표
정들, 그들의 삶은 힘들지만, 그 안엔 무언가 숭고한 아름다움이 있어. 오늘 만난 여
인은 흰색 머릿수건을 쓰고 있었는데, 그 안에 고된 삶의 흔적이 서려 있었다. 그녀는
말이 없었지만, 눈빛이 많은 이야기를 전해줬어. 나는 그 눈빛을 놓치고 싶지 않아서
그림으로 그렸다. 흰 모자는 햇빛을 막아주지만, 동시에 그녀의 고요한 얼굴을 강조
해주는 역할을 한다. 나는 그런 자연스러운 대비를 좋아한다. (1884)

농부의 아내

삶의 무게를 진 흰 모자

햇살이 살포시 그 위에 내려앉으면

흙먼지를 머금은 땀방울이 흑진주로 여문다

작가의 말 ....

이 여인은 농부의 아내인 고르디나 데 흐루트로, 「감자 먹는 사람들」에 포함된 여인이다. 그녀의 검은 얼굴 곳곳엔 흑진주가 박혀 있고, 그녀의 눈동자 속엔 하얀 별빛이 흠뻑 적시어 있다. 그녀의 모습에 들판의 이야기가 가득 담겨 있는 듯 하다.

붉은 리본을 단 여인의 초상 1885 .12 60 × 50cm 캔버스에 유화

Memory of the Garden at Etten 예르미타시 미술관

테오에게 ....

이 모델은 극장식 홀에서 서빙하는 아가씨다. 그녀는 이런 말을 했어. "전 샴페인을 마시면 기쁘기보다 오히려 더 슬퍼져요" 나는 그 순간을 어떻게 그려야 할지 느낌이 오더라. 그래서 관능적인 표현과 비통한 감정을 동시에 표현하려고 했어. 그녀는 머리에 작고 붉은 리본을 달고 있었지. 그 붉은 점 하나가 전체 분위기를 바꾸더군. 어두운 배경 속에서 리본 하나가 빛을 주었고, 그녀의 얼굴을 더욱 생생하게 드러내 줬어. 나는 색 하나로 감정을 드러낼 수 있다는 걸 배웠어. (1885.12.)

빨간 리본을 단 여인

빨간 리본은 슬픔이 자란 매듭

언제 풀릴 수 있을까

닫힌 입술에 햇살이 들면

작가의 말 ....

이 여인은 원래 성격이 활달한 데 가난으로 인해 슬픔의 그림자가 드리워져 있다. 하루의 일과가 끝나는 시점엔 피곤함이 가득하고 미래에 대한 막연함도 도사리고 있다. 빨간 꽃잎 하나가 머리칼에 앉아 있다. 그녀의 얼굴이 붉게 두근거린다. 회색빛 눈동자는 삶이 지나간 흔적, 가슴엔, 슬픔이 자란 검은 나무뿌리가 가슴 구석구석을 휘감고, 입술은 들꽃처럼 빨갛게 피어올랐다. 리본은 삶의 매듭, 언제 풀릴 수 있을까. 닫힌 입술에 햇살이 들면…

성경이 있는 정물 1885 65.7x78.5cm 캔버스에 유화

Still life with Bible 반고흐 미술관

 나는 오늘 정물을 하나 그렸어. 아버지의 오래된 성경, 그리고 그 옆에 놓인 나의 책, 에밀 졸라의 『인간 짐승』 말이야. 두 책은 서로 다른 언어로 말하고 있지만, 둘 다 진실을 말하려 하고 있어. 하나는 믿음에 관해, 하나는 현실에 관해. 아버지의 믿음은 강했지만, 나는 이제 삶을 다른 방식으로 이해하게 되었어. 그렇다고 내가 경건하지 않다는 말은 아냐. (1885.10)

애증의 그림자

아버지의 나이테가 주름주름 잡힌 성경

큰 촛대에 가려진 작은 촛대

한숨의 바람으로 꺼져버린 촛불

작가의 말 ···

아버지가 갑자기 사망하자 고흐는 애증의 감정을 담아 이 그림을 그렸다. 거대하고 육중한 성경은 아버지를 상징하듯 환하게 빛나고 있다. 작고 낡은 책은 자신의 세계 인 에밀 졸라 소설인 듯하다. 큰 촛대에 촛불이 꺼져 있는 것은 아버지의 죽음을, 그 뒤의 양초조차 없는 작은 촛대는 제 도리를 다하지 못한 미약하고 초라한 자신의 처 지를 담은 듯하다.

2부

파리 시기

파리 시기는 동생 테오와 함께 파리에서 살았던 때이다. 고흐는 당시 파리 화단을 주름잡았던 인상파 화가의 영향을 받았고, 색채와 기법 등 자신의 화풍을 정립했던 시기이다. .

그는 색채 효과로서 빛의 중요성을 인식하고 장 프랑수아 밀레, 외젠 들라크루아, 카미유 코로 등 다른 화가들의 기법과 색채를 연구했다. 캔버스에 물감을 두껍게 칠해 표면에 질감과 부피감을 강조하는 '임파스토 기법'도 이 시기에 터득했다.

그의 혁신적인 작품은 당대 유행하던 스타일과 너무 달라 수요가 적었다. 궁핍한 생활로 작품을 알릴 기회도 거의 없었다. 그는 성실하고 근면했지만, 정신적으로 늘 불안정했다. 감정 기복이 심하고 극단적이며 타인의 비평을 견디지 못하여 미술계의 동료나 후원자들과 원만한 관계를 쌓지도 못했다.

1886.3~1888.2

인상파의 색채에 영감을 받았던 시기

붉은 양귀비가 있는 화병 |
들꽃과 장미가 있는 정물 | 몽마르뜨 언덕 |
한 켤레의 구두 | 연인 | 풀밭 |
숲속 오솔길 | 꽃이 핀 마로니에 나무 |
꽃피는 정원 | 레스토랑 내부 |
탕기 영감의 초상 |
아니에르(세느)강 다리

붉은 양귀비가 있는 화병 1886 100×80cm 캔버스에 유화

Vase with Red Poppies 크뢸러 미술관

테오에게 ....

 요즘 나는 꽃들을 많이 그리고 있어. 꽃은 모델료도 들지 않고, 무엇보다 가만히 있어 주지. 양귀비처럼 강렬한 붉은 색은 보는 사람의 감정을 깨운다. 나는 꽃을 통해 사람의 내면을 움직이고 싶다(1886~1887, 이 기간에 있었던 내용을 간추림)

양
귀
비

타는 듯 벙글어진 입술

휘날리는 붉은 치맛자락

금기의 위험이 꽃대 사이를 드나든다

작가의 말 ···

 양귀비는 화려하고 아름답지만, 둥글고 단단한 심장 속에는 슬픈 이야기를 담고 있
다. 바람이 꽃대 사이를 드나들며 고독한 영혼을 유혹하고 있다. 고흐는 바람이 들었
을까? 붉은 치맛자락에 갇혔으니, 네 어찌 자유로울 소냐. 한편, 양귀비는 숨겨진 자
신의 고통과 희생, 안정을 대변하는 상징처럼 보인다.

들꽃과 장미 정물 1886.8 100×80cm 캔버스 유화

Still Life with Meadow Flowers and Roses 크뢸러 미술관

 나는 꽃을 그릴 때마다 색으로 내 감정을 이야기한다. 들꽃은 투박하고, 장미는 섬세하지만 둘 다 생명을 담고 있지. 들꽃이 무성하게 핀 들판을 보면 눈이 시리도록 아름답다. 그걸 화병에 담아내려 애썼어. 장미의 연한 분홍색과 흰색은 마음을 평화롭게 만든다. 나는 그런 색을 통해 '조용한 기도' 같은 감정을 그리고 싶다 (1886~1887)

피
고

지
고

꽃 피고, 꽃이 지네

내 건지 아닌지, 한 세상

이고 지고 가네

작가의 말 ....

꽃이 피고 지는 반복적인 현상을 통해, 탄생과 소멸이라는 이치를 말하고 있다. 살아
있는 모든 존재는 피고, 머물고, 시들고, 지는 자연의 순환과정을 겪게 된다. 그 과정
에서 나름의 '짐'을 지게 되고, 그 짐을 벗는 순간 이 세상도 끝나게 된다. 꽃이 피었
네. 이꽃 저꽃 모두 피었네. 그리움인가. 기다림인가. 외로움인가. 꽃이 떠났네. 이꽃
저꽃 모두 떠나버렸네.

몽마르트 언덕 1886.6 59.8 x 72.5cm 캔버스에 유화

The Hill of Montmartre 반고흐 미술관

테오에게...

몽마르트엔 아직 채소밭과 풍차들이 남아 있고, 파리 시내가 내려다보이는 전망이
참 멋져. 몽마르트의 언덕을 따라 걷다 보면 파리 전체가 내려다보인다. 그 풍경은 빛
과 공기의 색으로 가득 차 있다. 이 도시 풍경은 단순한 건물들이 아니라, 인간의 삶
과 자연의 흔적이 함께하는 곳이야. 나는 회색과 푸른빛, 연두색과 흰색의 조화를 실
험하고 있어. 몽마르트의 들판과 길은 색을 배우기 좋은 선생이야. 이 언덕 위의 정
적, 그 속에 흐르는 햇살은 말할 수 없이 아름답다. (1886.6~1887.5)

몽마르트 언덕

햇살이 실타래처럼 풀리는

바람의 언덕, 낡은 지붕 아래에는

별들이 꿈을 빚는다

작가의 말 ....

'몽(Mont)'은 작은 언덕을 뜻하고, '마르트르(martre)'는 '순교자'라는 뜻이다. 272년 성 드니와 2명의 제자가 순교한 곳으로 파리 외곽에 위치하여 있다. 예술가들의 활동무대이며, 유흥가가 발달한 장소로 널리 알려져 있다. 풍차가 바람을 때리는 몽마르트 언덕, 햇살이 실타래처럼 언덕을 짠다. 돌고 돌며 꿈을 키우는 풍차가 순교자의 날개처럼 세상을 밝힌다. 추억을 잇는 울타리는 세월을 붙잡아 이어 달리고, 지붕 아래엔 샛별들이 잠들어 있는 듯하다.

한 켤레의 구두 1886 37.5×45cm 캔버스에 유화

테오에게 ....

나는 낡은 구두를 그렸지만, 그 안에는 인생이 담겨 있다. 걷고 또 걸어 마모된 그 밑창처럼, 우리도 인생에서 닳아가며 존재의 흔적을 남긴다. 이건 단순한 물건이 아니야. 이 구두는 삶 그 자체를 견딘 증거야. (1886)

해진 구두

몽돌처럼 굴러다닌 해진 구두

두들겨 맞은 모루처럼

멍 자국이 애리다

작가의 말 ···
이 신발은 과거 우리 노동자들이 노동현장에서 즐겨 신던 신발이었다. 바람에 굴러
온 공사판의 돌처럼 고단한 삶의 흔적이 주름져 있다. 또 물 위에 떠도는 소금쟁이처
럼 허연 소금기가 덕지덕지 달라붙어 있어, 삶의 몸부림이 짙게 깔려 있는 듯하다.

아니에르의 브와에 다르장송 공원의 연인들 1887 112.5×75cm 캔버스에 유화

Couples in the Voyer d' Argenson Park at Asnires 반고흐 미술관

테오에게 ....

　햇살 아래 걷는 연인들을 보면, 그저 그걸 그릴 수 있다는 사실만으로도 인생은 견
딜 만하다고 느껴진다. 이 숲에는 침묵이 흐르지만, 그 안에는 수천 가지 사랑의 속
삭임이 담겨 있다. 나는 그것을 색으로 표현하고 싶었다. (1887.7)

그
리
움

그리워 그린 그대

그것참,

그림일세

작가의 말 ⋯⋯⋯⋯⋯⋯⋯⋯⋯⋯⋯⋯⋯⋯⋯⋯⋯⋯⋯⋯⋯⋯⋯⋯⋯⋯⋯⋯⋯⋯⋯⋯⋯⋯
  제목부터 본문까지 '그'라는 글자가 두운을 이루며 운율을 형성하고 있다. 공원에서
연인들이 사진을 찍으며 사랑을 노래하고 있다. 고흐는 생전 사랑하는 여인과 이런
느낌을 가져보지는 못했지만, 이런 모습을 항상 동경하며 살지 않았을까.

풀밭 1887.4 30.8×39.7cm 캔버스에 유화

테오에게 ....

  바람이 불어오면 풀들이 부드럽게 흔들리고, 빛을 머금은 듯한 초록빛이 반짝이지.
풀밭 위에는 작은 꽃들이 피어나고, 햇살이 내려앉아 모든 것이 따뜻하게 빛나고 있
어. 아무도 주목하지 않는 풀꽃이 햇살 아래 선 하나의 우주처럼 느껴졌어. 나는 자연
의 끝없는 변화와 조화를 느껴. 초록과 노랑, 푸른 하늘이 만들어내는 조합은 너무나
아름다워. 자연은 그 자체로 가장 위대한 예술이야. (1887.3.~5.)

풀
꽃

하늘이 방목한 색색

노랑 빨강 초록이 짝을 짓는다

그들의 밤은 하얗게 타버렸다.

작가의 말 ....

노랑+빨강+초록의 교집합은 흰색이다. 여러 꽃 사이에 유난히 하얗게 핀 꽃 한 송이
가 꽃 무리의 조상처럼 독보적으로 존재감을 과시하고 있다. 시간이 흐르고 정을 나
누다 보면, 더 많은 생명이 들판을 메우지 않을까. 여린 초경처럼 붉고 풋풋한 풀꽃이
여기저기 수줍게 피어있고. 짓밟히고 짓눌려도 고개를 들며 팡팡 터져 있다.

숲속 오솔길 1887 45.3×37.7cm 캔버스에 유화

Path in the Woods 반고흐 미술관

테오에게 ....

  오늘 나는 숲속의 오솔길을 그렸어. 햇빛이 나뭇가지 사이로 스며들고, 땅 위에는
부드러운 빛과 그림자가 뒤섞여 있지. 나뭇잎들은 다양한 녹색과 황금빛을 띠며, 바
람이 불 때마다 끊임없이 색이 변화하는 모습이 정말 매력적이야. 숲이 가진 조용한
아름다움과 평온함을 담고 싶어. 그래서 빛과 그림자가 만들어내는 감각을 강조하려
해. (1887.10)

오
솔
길

걸음은 천천히

그리운 것은 가까이

멀리 있어도 익숙한 나의 길

작가의 말

 좁다랗고 구불구불한 길은 고흐의 삶과 맞닿아 있다. 그림을 그리며 살아가는 길이
쉽지는 않았을 것이다. 숲길을 따라 걷다 보면 잊었던 추억이 구불구불 다가와 혼자
여도 외롭지 않다. 또 나뭇잎 사이로 햇살이 들고, 발바닥에 스며드는 부드러움이 참
좋다. 숲길은 좁아도 이런저런 이야기가 많고 작은 비밀들을 가득 담고 있다. 어디 가
느냐 묻지 마라. 지금 여기, 머물러도 좋으니.

꽃이 핀 마로니에 나무 1887 55.8×46.5cm 캔버스에 유화

Blossoming Marronnier Tree 반고흐 미술관

테오에게 ....

 이 봄, 나무들이 다시 꽃을 피웠다. 하얀 꽃이 초록 이파리 위에 쏟아지고 있어. 이 풍경이 나를 살게 한다고 느낀다. 그림은 내 숨이고, 이 꽃나무는 내 쉼이다. 나는 이 그림을 통해 단순한 나무 한 그루를 그리는 것이 아니라, 봄날의 공기와 햇살까지 담아내고 싶어. 그래서 색을 더 밝게 쓰고, 형태도 좀 더 자유롭게 표현하려고 해. 빛이 만들어내는 순간적인 인상을 강조하는 게 중요해. (1887.4)

우린 같은 나무에서 자랐지만

바람이 닿는 자리

빛이 머문 시간이 달라

작가의 말 ....

 마로니에는 '너도 밤나무과' 활엽수다. '나도 밤나무과'는 없는데 너와 내가 서로
이야기를 나누고 있다. 우린 같은 혈통이지만 때로는 같음을 느끼고, 때로는 다름을
느끼며 살고 있다. 모든 것이 나와 같을 수만은 없다는 사실을 인정하고 있다.

꽃피는 정원 1888.7 92x73cm 캔버스에 유화

Blooming Guarden 개인소장

테오에게 ....

 온 정원이 꽃으로 가득해. 나는 이른 아침 정원에 나가 그림을 그리고 있어. 햇살은
따사롭고, 꽃들은 조용히 흔들려. 그 순간을 붙잡지 않으면 금세 사라지거든. 정원에
서 보내는 시간이 내게는 가장 평화로운 순간이야. 꽃과 나무들 사이에서 나는 내 마
음이 가라앉는 걸 느껴. (1888.4.)

꽃 피 는 정 원

하늘바라기꽃

별꽃, 해바라기꽃, 달맞이꽃, 바람꽃

우주를 담았네

작가의 말 ....

위 꽃(이름)은 우리 주변에 실제 존재하는 꽃들이다. 우주를 구성하는 하늘, 별, 해,
달, 바람을 빗대어 꾸며 보았다. 버들강아지 솜털처럼 따뜻하고, 꽃향기 그윽한 이곳
에 서면, 스스로 꽃이 되고 우주가 된다.

레스토랑의 내부 1887.8 45.5×56cm 캔버스에 유화

테오에게 ....

 레스토랑 안엔 뭔가 인간적인 것이 있지. 레스토랑 안의 조명, 특히 가스등 아래의 색은 흥미로워. 노란빛이 벽과 얼굴을 물들이고, 그림자가 아주 부드럽게 드리워져 있어. 난 그 분위기를 색과 구도로 잡아내려 했어. 이곳은 조용하면서도 왠지 모를 따뜻함이 느껴져. 단순한 실내 풍경이 아니라, 색이 만들어내는 감정을 표현하고 싶어. 특히 빛이 물건과 벽에 반사되는 방식이 흥미로워. (1887.11)

레
스
토
랑
의

밤

꽃향기 그윽한 밤

쓰디 달콤한 압생트가

고독의 그림자를 걷어낸다

작가의 말..

 가난한 고흐에게 호화스러운 레스토랑은 어울리지 않는 부분이 있다. 고흐가 파리에
머무를 당시 도시의 삶과 분위기를 담아내려는 흔적이 보인다. 고흐에게 맞지 않는
옷이지만 살아가는 이유의 단편일까. 댄디(dandy)처럼 살고 싶었을까. 예술과 일상
의 경계가 흐려지고, 음악이 흐르는 곳에서, 한 잔의 술을 곁들이며, 삶의 위로를 받
고 싶었던 것일까.

탕기 영감의 초상 1887 92×75cm 캔버스에 유화

Portrait Pere Tanguy by Gogh 오르세 미술관

테오에게 ....

 탕기는 화가들에게 아주 친절한 사람이야. 돈이 없을 땐 그림과 물감을 바꿔주고, 말 없이 지켜봐 주지. 나는 일본 목판화에서 평온함과 단순함, 그리고 색의 진실함을 배 운다. 진정한 초상화란 단순히 외모를 그리는 것이 아니라, 그 사람의 '존재'를 담는 것이지. (1887)

탕
기
　영
감

비에 젖은 영혼들

햇살로 닦아주고, 날개로 감싸주는

그대는, 어둠의 숨통을 여는 새벽

작가의 말 ....

탕기는 물감을 파는 상인이다. 고흐는 이 그림을 통해 그의 온화한 성품을 강조하고
자 했다. 가난한 화가들에게 그림을 사주기도 하고, 외상도 해주어 인기가 많았다. 즉
걸어갈 때 길이 되어주고, 살아갈 때 삶이 되어주는 배려의 아이콘이었다.

아니에르 세느강 다리 1887.8 52×65cm 캔버스에 유화

Bridges across the Scine at Asnieres, Paris 아니에르 쉬르 센 미술관

테오에게..

세느강 위로 다리가 지나고, 그 아래엔 바람과 햇빛이 흩어진다. 이 강을 보면, 마음이 가라앉고 다리 아래를 지나가는 시간이 멈춘 듯 느껴진다. 다리는 말이 없지만, 연결이라는 가장 따뜻한 일을 한다. 나는 그 다리처럼 그림을 그리고 싶다 ― 조용하지만, 사람과 사람을 잇는. (1887.5)

기
차
와

강
물

푹푹 내뿜는 칙칙한 연기

배가 지나간 물길

덧없이 사라지는 인연들

작가의 말 ....

고흐는 세느강 다리를 배경으로 여인, 마차, 기차 등을 그렸다. 강물은 세월의 흐름
을, 다리는 현재와 미래를 연결하는 교량적 역할을 상징했다. 기차에서 나는 연기나
배가 지나간 물길은 빠른 세월만큼이나 순식간에 사라진다. 햇살이 윤슬로 빛나는 시
간도, 함께 한 수많은 인연도, 한낱 뱃길이나 연기처럼 순식간에 사라지는 것을…

3부

아를 시기

파리에서 좌절을 겪던 고흐는 프랑스 남부로 가야겠다는 열망을 자주 드러냈고, 1888년 2월 무작정 지중해 프로방스인 '아를'로 떠났다. 그가 도착한 때는 60cm에 달하는 엄청난 눈이 내리고 28년 만에 가장 추운 겨울이었다.

고흐가 아를에서 목표했던 것은 독립적인 화가 공동체였다. 이 시기 고흐는 친구 폴 고갱과 함께 생활하면서 엄청난 양의 작품을 만들어냈다. 하지만, 두 달 뒤 그를 떠나려는 고갱에 대한 집착 때문에 자신의 귀를 자르는 사건을 일으키기도 했다.

그는 이곳에서 1년 남짓 동안 인물화와 풍경화를 많이 그렸고, 187점의 유화를 남겼다. 그의 대표 연작 중 하나인 해바라기 그림 6점도 이 시기에 완성했다. 고흐가 자신이 좋아하는 거장들의 작품을 모방하면서도 자기만의 표현 기법으로 재해석한 작품들이 눈길을 끈다.

1888.2~1889.4

인물화, 풍경화의 색채에 영감을 받았던 시기

눈 덮인 들판 | 꽃피는 복숭아나무 | 랑글루아 다리 |
씨 뿌리는 사람 | 수확 | 일몰 속 밀밭 | 작업하러 가는 화가 |
밤의 카페 | 론강의 별이 빛나는 밤 | 밤의 카페 테라스 |
프로방스 농가 | 쟁기로 갈아엎은 들판 | 고흐 어머니의
초상 | 노란집 | 꽃병의 12송이 해바라기 | 아를의 침실 |
두개의 빈 의자 | 아를의 붉은 포도밭 | 알리스캄프 | 복숭아
나무와 크로평원

눈 덮인 들판 1888.2 38.2x46.2cm 캔버스에 유화

Landscape with Snow 구겐하임 미술관

테오에게..

　나는 눈 속을 걸었다. 모든 색이 지워진 그 들판 위에서, 나 자신도 풍경 일부가 된 듯 조용해졌지. 이 고요 속에서, 붓을 들고 말 대신 눈으로 이야기하고 싶었다. 겨울 은 죽음이 아니라, 기다림이란 걸 말이야. 갈색 개, 들판을 걷는 남자의 갈색 재킷과 검은 모자가 경치를 강조하고 있다. 또 평야를 가로지르는 도로의 대각선 구도가 중 심을 이루고 있다. (1888.2.21.)

눈
꽃
편
지

눈이 펑펑 내린 날이었습니다

서로의 눈빛이 눈 속에 스며들었습니다

우리는 그날 눈 맞았습니다

작가의 말

　눈송이가 꽃잎처럼 둥둥 떠다니고, 새색시 솜이불처럼 눈이 푹신하게 쌓이는 날이
면, 짝사랑했던 여인이나 첫사랑의 추억이 하얗게 떠오른다. 켜켜이 쌓인 솜사탕을
입술로 접어본다. 달달한 그대의 향기가 코끝에 머문다. 휘날리는 눈송이에 그리움을
담아 띄워 보내 본다. 2017.9. 미국 대통령 트럼프 영부인 멜라니아는 "이 그림을 빌
릴 수 있다면 백악관에 걸어놓고 눈과 풍경을 감상하고 싶다"라고 말했다.

꽃피는 분홍 복숭아나무 **1888.3** 73×60cm 캔버스에 유화

Souvenir de Mauve
Vincent

꽃피는 복숭아나무

겨우내 쌓였던 그리움이었을까

나는 그 나무 아래에서

그가 보았던 봄을 느낀다

테오에게 ⋯⋯

나에게 미술을 가르쳤던 마우베를 추모하기 위해 그린 그림이야. 추모 분위기를 진지하고 무거운 그림보다 부드럽고 밝은 분위기로 표현했다. 죽는 일이 그렇게 슬픈 일은 아니야. 꽃이 핀 복숭아나무는 내게 기적 같았어. 모든 것이 죽은 듯한 겨울 끝에서, 그 작은 분홍 꽃잎이 '다시 시작하자'라고 말해주는 것 같았지. 나는 이 나무를 통해 봄을 붙잡고 싶었고, 그 봄을 색으로 노래하고 싶었어. (1888.4.1.)

빨래하는 여인들이 있는 랑글루아 다리 1888.3 54×65cm 캔버스 유화

The Langlois Bridge at Arles with Womon Washing 반 고흐 미술관

테오에게..

　다리 아래서 빨래하는 여인들, 물 위에 비친 하늘빛, 그리고 조용히 흔들리는 다리,
이 모든 것이 마음을 가라앉히는 풍경이었다. 나는 단순한 선, 밝은색, 고요한 사람
들, 그림으로 평화를 표현할 수 있다는 확신이 들었지. 파란 하늘 아래 마차 한 대가
지나고, 그 아래는 파란 강물이 흐르고 있다. 초록 풀들이 자라는 주황색 제방에는 머
리쓰개를 쓴 여자들이 빨래를 해. 작고 수수한 다리와 그 아래에서 빨래하는 여인들
을 담은 풍경화야. (1988.3.16.)

빨래하는 여인들

강물이 시간을 마중한다

주름지고 얼룩진 시간,

먼지 낀 하루가 빨래질을 한다

작가의 말 ....

빨래터 여인들이 삶의 고뇌를 빡빡 닦아내고 있다. 강물은 시간을 마중하듯 쉼 없이 흐르고, 배를 따라오는 물결은 그리움을 담아 뱃길을 내어준다. 목재 다리 위 마차는 삐거덕거리며 삶의 무게를 실어나르고, 도개교는 설렘과 기대로 가득하다. 고흐는 고갱이 마차를 타고, 고흐가 사는 노란 집을 향하고 있는 분위기를 표현한 듯하다.

씨 뿌리는 사람 1888,6 64.2×80.3cm 캔버스에 유화

The Sower 크륄러 미술관

테오에게...

이 그림은 밀레의 그림과 형태만 유사할 뿐 색채의 명도나 채도는 전혀 다르다. 나는 이 장면을 그리면서, 그 사람을 예언자처럼 느꼈다. 그는 말없이 땅을 믿고, 미래를 믿고, 지금 씨를 뿌린다. 이 그림은 단지 들판의 풍경이 아니라, 삶의 본질과 순환, 그리고 노동의 영성을 담은 상징이야. 씨 뿌리는 사람이나 짚단 더미를 보면 그 시절 영원(생명이 죽고, 죽어서 다시 생명으로 태어난 신비)을 동경했던 마음이 되살아나면서 또다시 매료되어 버린다. (1889.6.19.)

밀
알

해가 돌고, 땅은 숨을 쉬고

잊혀질까 피어나는 숨결

계절의 맥박이 이어지고 이어져

작가의 말

피와 땀이 응축된 씨앗이 발아되고, 생명이 되고, 짚단이 되어 태양처럼 밝은 순례
길이 된다. 열망과 이상이 뿌려진 보랏빛 흙에서 생명이 태어나고, 다시 죽어가는
삶의 기원이 여기에 있다. 영원을 동경한 밀밭의 조각들, 벽에 매달린 낡은 달력에
시간이 지나고 시간이 온다.

수확(몽마주르를 배경) 1888.6. 73×92cm 캔버스에 유화

The Harvest 반고흐 미술관

테오에게..

나는 이 들판을 그리며, 땅이 햇빛을 삼키고 금빛으로 되돌려주는 것을 보았어. 수확은 단지 먹을 것을 얻는 행위가 아니라, 자연과 인간이 함께 빛나는 순간이야. 저멀리 몽마주르 언덕이 조용히 이 장면을 지켜보고 있지. 그 언덕 아래, 우리는 삶의 본질을 거두고 있는 거야. 이 작품을 통해 단순한 풍경이 아니라, 자연과 인간의 조화, 그리고 삶의 에너지를 표현하고 싶어. 밀밭은 끝없는 가능성을 상징하고, 그 속에서 일하는 농부는 우리 삶의 터전을 가꾸는 존재들이지. (1888.10)

수
확

연륜에 겸손해진 이삭들

낫 가락에 쓰러지는 그 자리에

섬광처럼 죽음이 피어난다

작가의 말

 추수는 곧 한 생명의 죽음이라는 고통을 동반하고 있다. 수확의 손길이 닿을 때마다
밀 이삭은 고개를 숙여 묵묵히 운명을 받아들인다. 하지만 이 씨앗은 섬광처럼 다시
피어나 생명을 얻고, 다시 사라지는 끝없는 순환을 반복한다. 밀의 성장 과정을 보면
서 생로병사라는 인간의 생애주기를 보는 듯하다

황혼의 밀밭 1888,6 73.5×92cm 캔버스에 유화

Cornfields Near Arles. Art Print by Vincent 빈투 투어 미술관

테오에게 ....

이 끝없는 밀밭과 먹구름 낀 하늘 아래, 내 삶도 이 들판처럼 어디론가 흘러가고 있다
고 느꼈다. 황혼은 슬프지만, 눈부신 빛이기도 하지. 말하지 않는 풍경이 나를 대신해
말해주는 것 같아. 붓으로 숨을 쉬고, 색으로 마음을 놓아본다. 황혼 속 밀밭을 그리며
평온함과 동시에 어떤 불안을 느꼈다. 하늘은 깊은 파란색이지만, 밀밭은 따뜻한 금빛
으로 빛난다. (1889.6)

황혼의 밀밭

종아리를 타고 흐르는 해가

발꿈치에 걸렸다가

노을처럼 짧은 숨을 헐떡이고 있다

작가의 말 ....

씨앗이 자란 자리에는 노동의 신성함이 묻어 있고, 검게 그을린 농부의 얼굴엔 무채색 웃음이 가득하다. 풍요와 감사로 물들고 있는 얼마 남지 않은 이승의 시간에 잘 익은 밀들이 노을처럼 짧은 숨을 헐떡이고 있다.

작업하러 가는 화가 1888,7 48×44cm 캔버스에 유화

테오에게..

　나는 오늘도 들판으로 나간다. 햇빛은 눈 부시고, 바람은 거칠지만, 붓을 들고 있다는 사실만으로 괜찮다. 이 길 끝에 무엇이 있을지 모르지만, 걷고 있다는 것, 그리고 그림을 그리러 가고 있다는 것. 그것이 지금 나를 살게 한다. 예술가란 결국 자신의 길을 묵묵히 걸어가는 존재 아니겠는가. (1888.10)

작업하러 가는 고흐

가슴은 설렘으로 넘실거리고
파란 하늘은 나를 꿈꾸게 하지,
외로워도, 지금은 외롭지 않아

작가의 말 ....

그림을 그리려 걸어가는 그의 발걸음은 항상 가벼웠고 희망으로 가득했다. 고갱과
함께하기 직전 그의 모습은 매우 행복한 것처럼 보인다. 발걸음을 재촉하는 그림자가
고독한 지문을 새기고 있다. 플라타너스는 햇빛을 가리지 못하고, 찢어진 밀짚모자
사이로 햇빛이 흐른다. 그림을 그리려고 가는 순간 만큼은 외로워도 외롭지 않다.

밤의 카페 1888.9 44.4×63.2cm 수채화

Café Terrace at Night 크뢸러 미술관

테오에게..

 이 카페는 밤새 문을 열어. 그래서 밤의 부랑자들이 숙박비가 없거나 술에 너무 취해 받아주는 곳이 없을 때 안식처처럼 찾아온다. 나는 지금 카페의 내부를 그렸는데, 밤을 배경으로 하였고, 가스등 아래에서의 조명과 분위기를 담았다. 나는 빨강과 녹색의 대비를 통해 고통과 외로움, 인간의 타락을 표현하고자 했다. 나는 사람들이 여기에서 자살하거나, 미쳐버릴 수 있다고 생각한다. 이곳은 정말로 밤을 마시는 곳이기 때문이다. 밤의 카페를 통해 평범한 선술집이 갖는 창백한 유황빛의 음울한 힘과 용광로 지옥 같은 분위기를 부각하려 했다. (1888.9.8.)

밤
의
카
페

독주보다 더 독하게 고여 드는 슬픔

잔 속에 비친 애처로운 영혼들

허기진 심장들이 숨을 헐떡인다

작가의 말··

 별빛이 흐르는 술잔, 달빛이 부서지고 어둠이 녹는 광기의 공간, 술잔에 비친 비틀
거린 그림자가 칼날처럼 차가운 웃음소리를 낸다. 촛불처럼 흔들린 눈동자, 밤은
술독이 되고, 사람들은 천천히 자신을 들어 마신다. 뱀의 혀가 몸을 감고, 누군가는
웃음소리에 무너지고, 누군가는 잊기 위해 술잔을 비운다. 아침이 되면 모두 재가 되
어 홀연히 흩어진다.

론강의 별이 빛나는 밤 1888.9 72.6×92cm 캔버스에 유화

Starry Night Over the Rhone 오르세미술관 소장

테오에게...

  별이 반짝이는 밤하늘을 그려보고 싶었어. 이 작품에서는 하늘의 파랑, 강물의 파랑, 도시의 노란 불빛이 어우러지도록 했지. 별이 빛나는 밤하늘을 그리는 것은 항상 나의 소망이었지. 저 하늘의 별들과 강에 반사되는 불빛, 그리고 어둠 속의 아를 거리를 그려보고 싶었어. 도심의 노란 불빛이 물 위에서 파란 하늘과 섞이는 그 모습을 보면, 무언가 영혼의 평온을 느낀다. (1889.9)

론강의 별이 빛나는 밤

어둠을 깨우는 별

물먹은 청보라 별빛에 마음을 담근다

섬광처럼 빛나는 우리의 마음을

작가의 말 ....

 우리는 섬광으로 가득 찬/밤바다/여기에 함께 앉아 있는 동안 우리는/물고기와 달님
사이의/공간 _ 이 시는 마울라나 젤랄젯딘 루미(1207~1273), 이현주 옮김 〈밤바다〉
의 전문이다. 마치 그림 속 연인이 섬광처럼 빛나는 서로의 마음을 밤바다 속에 담그
며 낭만적인 데이트를 하는 모습이 연상된다. 반 고흐는 이런 데이트를 간절히 소망
하고 있지 않았을까.

밤의 카페 테라스 1988,9 81×65.5cm 캔버스에 유화

Stilleben mit 12 Sonnenblumen 노이에 피나코테크(뮌헨)

빌헬미나에게..

 지금 나는 별이 빛나는 밤을 담은 그림을 작업 중이야. 노란 카페의 불빛, 푸른 밤
하늘, 자갈길, 멀리 보이는 별빛 아래의 거리, 그리고 테라스에 앉아 있는 사람들을
그렸지. 이 그림에는 검은색을 전혀 사용하지 않고 밤을 표현했어. 단지 파랑, 보라,
초록, 황금색만으로 말이야. 밤은 단순히 어두운 것이 아니고, 색으로도 그릴 수 있다
는 것을 보여주고 싶었지. 사람들이 조용히 술을 마시고 대화를 나누고 있는 풍경이
너무 좋았어. 이 밤하늘에 붓으로 별을 찍어 넣는 순간은 정말 행복했다. (1889.9)

밤의 카페테라스

별빛을 닮은 당신

내 와인 잔에 살며시 내려와

입술에 파란 지문을 새긴다

작가의 말

고흐의 밤하늘은 검정색이 없다. 밤이지만 낮보다 더 생생하고 풍부한 색채로 가득 차 있다. 파랗고 낮처럼 밝은 밤의 카페는 슬픔보다는 기쁨으로 장식되어 있다. 삶이 고단하고 쓸쓸해질 때 희망과 위로가 머무는 곳, 어둠 속에서도 꿈을 밝히는 나만의 별이 여기에 있다.

프로방스의 농가 1888 46.1 x 60.9 cm 캔버스에 유화

Farmhouse in Provence 워싱턴 D.C 국립미술관

테오에게 ....

 붉은 기와지붕과 황토벽, 그 사이를 감싸는 초록 덩굴과 나무들, 이 강렬한 색의 대
비는 내게 기쁨을 준다. 프로방스의 태양 아래선 색이 말 그대로 빛을 뿜어내. 도시에
서는 볼 수 없는 단순하고 조화로운 삶의 풍경이 있어. 저 낮은 농가들, 작고 굽은 길,
소박한 울타리, 그것들이 나에겐 종교적인 감정처럼 느껴져. 나는 보색의 힘을 실험
하고 있어. 예를 들어 노란 지붕과 보랏빛 하늘, 붉은 벽과 녹색 들판. 이곳의 자연은
그것을 가능하게 하지. 진짜 색의 나라야. (1888.9)

추수중인 농부

밭고랑에 걸려 있는 오래된 음표

농부의 허리춤에 환호하는 이삭들

한낮, 흙먼지마저 황금빛

작가의 말

 고흐가 살았던 당시 농촌은 타작을 밭에서 직접 할 수 있는 농기계가 없었던 시기이다. 그래서 수확물을 농가에 노적봉처럼 쌓아놓고 집에서 타작하는 형태였을 것이다. 땅의 소산, 땅이 내어 준 풍요가 빨갛게 달궈진 다리미처럼 오랜지색과 황금색 물결로 출렁인다. 농부의 그을린 얼굴과 투박한 손길에서 삶의 진심이 엿보인다.

쟁기로 갈아 놓은 들판 1888 73.5×92.5cm 캔버스에 유화

Ploughed Fields 오르세 미술관

테오에게 ....

 오늘 나는 쟁기로 갈아놓은 들판을 그렸어. 깊게 갈린 고랑 사이로 저녁 햇살이 스며
들고, 멀리엔 푸른 언덕이 이어지지. 이 풍경을 보며 자연은 끝없이 반복되는 수고와
회복의 상징이라는 생각이 들었어. 땅이 갈아엎어지는 그 모습에서 인간의 노동과 희
망을 느낄 수 있거든. 쟁기로 갈라진 땅 사이로 새로운 생명이 움트는 것을 보며, 나
자신도 다시 살아나는 듯한 기분이 든다. 깊고 고요한 대지 위에 하늘이 걸려 있고,
흙은 갓 뒤집혀 따뜻하고, 살아 있는 것처럼 느껴져. 이러한 그림은 말하자면 영혼의
고요한 노래 같은 것이라고 할 수 있겠지. (1888.10)

쟁
기
질

춤 추는 고삐

한줄 한줄 삽날이 지나가면

멍에를 진 등살이 서릿발처럼 아리다

작가의 말 ···

가라. 서라. 돌아라. 고삐가 풍경소리에 맞춰 춤을 춘다. 한 줄 한 줄 삽 날이 지나간
자리는 마치 인간과 자연이 선을 잇는 것처럼 보인다. 삽날에 갈무리된 흙은 씨앗이
살아갈 집을 짓는 일이다. 이 과정에서 소는 멍에를 지고 있다. 멍에를 진 등살이 아
리다. 멍에를 진다는 건 스스로 희생한다는 것. 누군가를 편히 쉬게 하는 일이다.

테오에게

나는 어머니의 초상을 그려보았어. 예전 사진을 참고했지. 하지만 그 사진의 어둡고 단조로운 색감을 보다 밝고 생기 있는 색채로 바꾸고 싶었지. 어머니는 정직하고 근엄하며 엄격한 분이지만, 그 안에 따뜻함과 믿음을 표현하고 싶었어. 그림 속의 어머니는 현실보다 더 내 기억 속에 있는 모습에 가까워. 어머니를 이해하려는 내 나름의 방식이지. (1888)

네
개
의
별
이
떨
어
진
밤

네 손가락을 차례 차례 가슴에 묻었다

울음은 굳어져 돌이 되었고, 돌이 가라앉은 밤,

어미는 돌에게 짜디짠 젖을 먹였다

작가의 말 ....

고흐 어머니는 생전 네 명의 아들 모두를 일찍 잃었다. 그중 고흐는 37세까지 가장 오래 살았지만, 어머니와 사이가 좋지 않았다. 성장 과정에서나 성인이 되었을 때도 어머니와 항상 떨어져 있었고, 서로의 기대는 항상 어긋났다. 또 남편마저도 먼저 세상을 떠나보내고, 평생 가슴앓이를 하며 살았다. 이 세상에 이보다 더 박복한 여인이 또 있을까.

노란 집 1888.9 91×72cm 캔버스에 유화

The Yellow House 반 고흐 미술관

테오에게...

　나는 지금 노란 집에 살고 있어. 햇살을 머금은 듯한 이 집은 정말 따뜻해. 나는 이곳에서 예술가들이 함께 생활하고 그림을 그리는 '예술가의 집'을 만들고 싶어. 곧 고갱이 오게 될 거야. 그와 함께 진정한 작업실을 만들어보고자 해. 노란색 외벽, 푸른 하늘, 철길, 거리… 모두가 조화롭게 어울리는 풍경이야. 이곳에서 나는 보다 밝고 건강한 그림을 그리고 싶어. (1888.9.9)

꿈꾸는 노란집

해바라기 가득한 아틀리에,

차가운 유리 벽에 마주 선 두 사람

잿빛 어둠에 길이 갈렸다

작가의 말..

노란집은 화가 공동체를 꿈꾸려 했던 유토피아였다. 먼저 고갱을 초대하여 예술적 이상향을 이루려 했으나 갈등과 충돌이 잦았고, 귀를 자르는 사건까지 발생했다. 이 곳은 고흐에게 가장 따뜻한 꿈의 공간이자, 가장 고통스러운 경계의 공간이었다. 빛과 어둠의 경계에서 유리창 너머는 어렴풋했고, 방 안엔 검푸른 냉기가 가득했다.

꽃병에 꽂힌 12송이 해바라기 1888.8 92×73cm 캔버스에 유화

Stillleben mit 12 Sonnenblumen 노이에 피나코테크 (뮌헨)

테오에게..

나는 지금 해바라기를 그리고 있어. 노란색 안에 태양과 우정을 담았어. 이건 고갱을 위한 그림이야. 해바라기는 내가 색으로 말하는 첫 번째 시도야. 노란 꽃, 노란 배경, 노란빛, 하지만 결코 단조롭지 않아. 모든 색조가 서로 노래하고 있어. 이 그림들이 '화가의 집'을 장식하게 될 거야. 고갱이 오면, 이곳에서 진정한 예술가들의 공동체를 만들 수 있길 바라고 있어. (1888.8)

해
바
라
기

무엇을 바라길래 해바라기냐

무엇이 부족해서 고개 숙이냐

아서라 아서, 더 바랄 것 없다

작가의 말

고흐는 '노란집'에 올 고갱을 생각하며 6점의 해바라기를 그렸다. 노란색, 파란색,
붉은색 등의 강렬한 대비로 열정과 희망의 이미지로 완성했다. 해바라기는 끊임없이
태양을 향해 온몸을 기울이지만, 결국 태양 가까이 다가갈 수 없었다. 시들어가는 꽃
잎에는 삶의 덧없음과 이별의 감정이 묻어 있다.

아를의 침실 1888.10 72×90cm 캔버스에 유화

The Bedroom in Arles 반 고흐 미술관

테오에게...

 이번엔 내 방을 그렸어. 이 그림에는 어떤 그림도 장식도 없는 평온함, 오직 색과 형
태만으로 휴식을 표현하려 했지. 모든 것을 단순화해서, 마치 음악처럼 마음을 안정
시키는 그림을 만들고 싶었어. 벽은 연보랏빛, 바닥은 붉은 타일, 가구는 노란색과 연
녹색, 침대는 혈색을 띤 빨강이야. 색으로 편안함을 전달하고 싶었어. 진짜 침실처럼
말이야. 이건 강제로 쉬어야 했던 데에 대한 일종의 복수로 그렸다. (1886.10.16.)

빛
의

감
금

레몬 시트는 나를 묶고

연보라 문은 나를 가두었다

창밖의 초록조차 나를 그냥 두지 않았다

작가의 말 ··

이 방은 노란집에 있는 방이다. 고흐는 어딘가에 정착하여 달콤한 휴식으로 빠져 들
수 있는 작은 공간을 갖는 연보랏빛 꿈이 있었다. 지금은 요양원 신세이지만 언젠가
는 예술가의 방을 갖게 될 것이라는 희망도 있었다. 하지만 그는 자신의 귀를 자르고
고갱과 헤어진 후 영원히 이 방에 들어갈 수 없었고, 꿈의 공간에 자나지 않았다.

고흐 의자 1888.12. 93.5×73.5cm Vincent's Chair 반 고흐 미술관

고갱의 의자 1888 90.5×72.5cm Gauguin's Chair 반 고흐 미술관

테오에게 ....

나는 지금 두 개의 의자를 그렸어. 하나는 나의 것이고, 하나는 고갱의 것이야. 나의 의자는 소박하고 단순하며 햇살 가득한 낮을 담았고, 고갱의 의자는 밤의 어두움, 책과 촛불, 더 복잡한 분위기를 표현했지. 이 그림은 단순한 의자가 아니야. 이것은 우리 두 사람의 성격과 존재를 나타내는 상징이지. (1888.11.19)

두
의
자

마주 앉은 두 의자

같은 곳을 바라보았지만

두 마음은 결이 달랐다

작가의 말...

왜 나를 떠났어. 왜 나를 붙들었어. 두 의자는 거친 세월을 보내고 항구의 등대처럼
누구를 기다리는 걸까. 색감은 달라도 두 영혼은 같은 물감으로 그려졌다. 자신의 의
자보다 고갱의 의자가 더 고급스럽고 촛불과 책까지 놓여 있는 걸 보니 고갱에 대한
기대와 존경심이 가득했던 것 같다. 그래서일까. 고갱에 대한 상처도 매우 깊었다.

아를의 붉은 포도밭 1888.11 75×93cm 캔버스에 유화

The Red Vineyard 푸시킨 미술관

테오에게..

해가 지는 붉은 하늘 아래, 포도를 수확하는 인부들이 있어. 붉은 땅과 노란 하늘, 인부들의 모습이 금빛 물결 위에 녹아드는 것 같았어. 나는 색채로 감정을 이야기하고 싶어. 이 그림은 단순한 풍경이 아니라, 가을의 끝자락에서 느껴지는 인간과 자연의 교감을 그린 것이야. 그림 전체가 따뜻한 와인처럼 느껴졌지. (1888.11.6)

붉은 포도밭

금빛 하루가 접히고

해걸음이 노을로 물들면

포도가 와인처럼 익어간다

작가의 말 ....

 고흐가 그린 유화 900여 점 중 유일하게 팔린 작품이다. 이 그림은 당시 여류 화가
였던 안나 보쉬에게 1,000달러에 판매되었다. 고흐가 죽은 지 100년이 지난 1990년
에는 8,250만 달러(약 1,000억원)에 팔렸다.

알리스캄프 1888.11 92×73.5cm 캔버스에 유화

테오에게...

이곳에는 고대의 무덤들과 포플러나무 줄기가 늘어서 있어. 해가 지고 나면 모든 것
이 불타는 듯한 색으로 변하지. 나는 더는 자연의 정확한 색을 흉내 내려 하지 않아.
이제는 내 감정에 따라 색을 놓지. 알리스캄프는 그런 내 의도가 처음으로 제대로 표
현된 곳이야. 고갱은 나무들 사이의 죽은 자들의 길을 어둡게 그렸지. 나는 오히려 그
길이 삶처럼 느껴졌어. 따뜻하고 빛이 있었거든. (1888. 가을)

알
리
스
캄
프

가을빛 저무는 길목

고추바람에 잎새의 맵시가 무너진다

거부하는 몸짓에도 터벅터벅 다가오는 겨울

작가의 말 ···

알리스캄프는 고대 로마 시대 묘지 길이다. 낙엽이 지는 모습은 문득 삶과 죽음을
떠 올리기도 한다. 가을바람이 속살거리고 갈잎들이 땅에 구른다. 영면의 정원처럼
침묵하고 있는 이곳에도 겨울이 온다. 생명의 불꽃을 사르듯 작열한 나뭇잎이나 하늘
까지 닿을 듯 치솟게 그려진 나무들은 하늘과 땅을 잇는 가교역할을 하는 것 같다.

꽃피는 복숭아가 있는 크로 평원 1889.4 65×81cm 캔버스에 유화

Peach Blossom in the Crau 스위스 바젤 미술관

테오에게..

 이곳 평원은 말 그대로 봄의 축제야. 복숭아나무는 흰색과 분홍색 꽃을 가득 피우고 있고, 그 사이로 아를의 산들바람이 불어오지. 나는 그 생명을 담고 싶었어. 복숭아나무는 일본의 판화처럼 단순하면서도 생동감 있게 그려야 해. 자연을 이상화하지 않고도 그 신비를 표현할 수 있다고 믿게 됐지. 아무리 인간이 고통받더라도 자연은 다시 피어나. 그 사실이 위안이 돼. 이 꽃들처럼, 나도 다시 피어나길 바라는 마음으로 그렸어. (1888.7.13.)

복
사
꽃

복사꽃 속에는 시간이 접혀 있고

복사꽃 마을엔 피지 못한 꿈이 있다

아직도 바람 따라 흔들리고 있다

작가의 말 ···

복사꽃 마을엔 유년의 고향이 있고, 유년의 꿈이 있다. 토방에 걸터앉아 눈을 들면 복사꽃이 꽃비처럼 휘날린다. 꽃이 진자리엔 새 꿈이 돋고, 그 자리엔 꿈알이 열린다. 많고 많던 꿈알들이 솎아지면, 남아 있는 꿈알들이 무럭무럭 영근다. 꿈알이 아이 주먹만큼 커지면 어느덧 꿈이 문턱을 넘어서며 꿈길이 열린다.

4부
생레미 시기

생레미 시기는 정신병원에 입원해서 여섯 번의 발작을 경험했지만, 대자연의 경이로움에 영감을 받아 풍경화를 많이 그렸다. 특히 종교적 귀의를 암시하는 두 개의 걸작을 만들어내는 데, 그 그림은 낭만주의 회화의 대가 들라크루아의 작품을 모방한 〈착한 사마리아인〉과 〈피에타〉이다. 그는 이 그림을 그리면서 자신을 구원해 줄 신의 손길을 그리워했다. 그리고 요양원 창문 틈으로 보이는 깊은 밤과 그 위에서 빛나는 달 곁에서 흔들리듯 요동치는 별을 묘사하기도 했다.

고흐는 발작이 일어날 때마다 미쳐버리고 싶었고 "나는 미쳤다."라고 울부짖을 만큼 처절한 고통을 그림 속에 투영하기도 했다.

그는 정신적 고통에도 불구하고 놀라운 것은 거칠고 강렬한 붓 터치를 통해 응어리진 현실의 고통을 더 깊고 강하게 그리고 화려하게 표현했다.

1889.5~1890.5

정신병원 생활 시기 / 자연의 위대함을 경험

아이리스 ┃ 별이 빛나는 밤 ┃ 수확하는 사람 ┃
조제프 롤랭 ┃ 착한 사마리아인 ┃ 아를 병원의 정원 ┃
올리브를 따는 여인들 ┃ 숲을 산책하는 남녀 ┃
천사의 반신상 ┃ 사이프러스가 있는 밀밭 ┃
정오의 휴식 ┃ 협곡 ┃ 꽃 피는 아몬드 나무 ┃ 첫걸음 ┃
피에타 ┃ 노인의 슬픔 ┃ 원을 돌고 있는 죄수들

아이리스(붓꽃) 1889.5 71×93cm 캔버스에 유화

Irises, LA. 폴 게티 미술관

테오에게..

　나는 정원에서 아이리스를 그리고 있어. 마음은 불안하지만, 이 꽃들을 그리는 동안
엔 나 자신을 잊게 되지. 나는 이 꽃들을 일본 목판화처럼 간결하고 리듬 있게 표현하
려 했어. 선명한 윤곽선과 색의 배치로 자연을 단순화시키는 방식이 마음에 들어. 보
라색 꽃 사이에 흰 아이리스 하나를 그려 넣었어. 그 하나가 모든 것에서 떨어져 있는
것처럼 보였지. 마치 나 자신처럼 느껴졌거든. (1889.5)

아
이
리
스
(붓꽃)

푸른 잎새에 흐르는 잔물결

보랏빛 꽃잎 속에 고요히 잠긴다

잡념은 지고, 향기만 남았다

작가의 말 ··

꽃대가 서로 등을 맞대며 온기를 나누고, 보랏빛 꽃술이 얼굴을 맞대며 향을 전한다.
그림 왼쪽의 커다랗고 흰 붓꽃 한 송이는 보라색의 다른 꽃들과 선명한 대조를 이루
고 있다. 이 하얀 꽃송이는 외롭게 서 있는 고흐의 분신처럼 느껴진다.

별이 빛나는 밤 1889 73×92cm 캔버스에 유화

Starry Night 뉴욕 현대미술관

테오에게..

 나는 지금 해가 뜨기 전의 하늘을 그렸어. 깊고 푸른 밤하늘, 커다란 별들과 소용돌이치는 구름. 사실 있는 그대로의 풍경은 아니야. 상상 속에서 더 넓고 자유롭게 만들었지. 별을 바라보는 것이 나를 위해 기도하는 것보다 더 위로가 돼. 별들이 나를 저 너머로 이끄는 듯해. 이 그림은 지나치게 표현적이야. 너무 감정에 치우쳐서 과한지도 몰라. 하지만 내 마음이 그렇기에 멈출 수 없었어. 때때로 나는 죽음을 별들과 같은 세상으로 가는 여행이라 생각한다. (1889.6)

별이 빛나는 밤

머흘머흘 흐르는 은하의 별

어둠을 헤집듯 지나는 소용돌이

발작의 별빛이 동맥처럼 요동친다

고흐는 발작과 퇴원을 반복하면서 건강에 대한 자신감을 점점 잃어갔다. 밤하늘과
별이 서로 격렬하게 소용돌이치고, 울음을 토하는 듯 꼬리가 길게 늘어져 있다. 소용
돌이를 벗어나려는 한 인간의 안간힘이 안스럽기 짝없다. 하지만 불길에 휩싸인 초승
달과 섬광들은 밝은 희망과 자신감을 동시에 표출하고 있다. 모두 어둠을 바라볼 때,
그는 별을 본다. "나 고흐야! 아직 죽지 않았어."라고 말하는 듯하다.

수확하는 사람과 태양이 있는 밀밭 1889 73×92cm 캔버스에 유화

Wheat Fields with at Sunris 반고흐 미술관

테오에게..

 수확은 죽음을 상징하지만, 그 죽음은 어둡지 않아. 강렬한 태양 빛 아래에서 이루어
지는 자연스러운 과정이야. 그림은 온통 황금빛과 노란색으로 가득해. 그 안에 작고
검은 인간 형상이 있을 뿐이지. 인간은 작고, 태양은 크다. 하지만 조화 속에 존재해.
이 그림은 나 자신이야. 나는 일종의 수확하는 사람이자, 해바라기처럼 태양을 바라보
는 존재지. (1889.9.5)

아버지의 슬픈 낫질

땀으로 젖은 수건 목에 걸고,

윗입술에 혀 말아 붙이고, 낫질 분주하던

아버지의 눈빛, 막장의 불빛이었다

작가의 말 ....

 시인이 유년 시절, 오롯이 농사일에만 헌신했던 아버지를 그리며, 그림 속 수확하는 사람과 연계해 보았다. 목구멍이 포도청이던 시절, 뜨거운 태양 아래 온몸을 불사르듯 낫질을 하는 모습이 선명한 이미지로 떠오른다. 고된 하루가 접히는 밤이면, 아버지는 잠자리에서 나지막한 신음을 냈다. 꼬막 같은 손으로 주물러 드렸지만, 몸을 쓰는 일이 반복되다 보니 골병으로 이어졌다.

조제프 룰랭 초상 1889 65×54cm 캔버스에 유화

Portrait of the Postman Joseph Roulin 크뢸러 미술관

테오에게 ....

나는 룰랭의 초상을 그리고 있어. 수염이 덥수룩하고 푸른 제복을 입은 우체부지. 하지만 단순한 외모보다 더 중요한 건 그 얼굴에 담긴 고결함이야. 나는 그를 마치 신약 성서에 나오는 인물처럼, 자연스러운 성자처럼 그리고 싶었어. 그래서 배경에 해바라기를 넣고, 색채를 경건하게 다뤘지. 그의 얼굴은 붉고, 제복은 파란색이지. 나는 그 색의 대비를 강조했어. 인간적인 따뜻함과 차가운 현실의 조화를 표현하고 싶었거든. (1888.7.31)

오래된 장독대

"술 한 잔 더 하게 친구!"

잔 속에 흐르는 우정

조제프의 집은 붉게 물들었다

작가의 말 ....

고흐와 우체부 조제프 롤랭(Joseph Roulin)의 우정은 고흐의 삶과 예술에 깊은 영향을 미쳤다. 특히 조제프 롤랭과 그의 가족은 고흐의 정신적 위기 시기에 큰 지지자였다. 테오에게 고흐의 상태를 알리는 편지를 보내기도 했다. 한편, 조제프는 애주가였으며 가끔 고흐와 술잔을 기울이며 고흐의 아픔을 위로했다. 종유석 같은 수염을 매달고 있는 모습을 보니, 마치 소크라테스를 보는 듯하다.

착한 사마리아인 1890.5 49.5×64.4cm 캔버스에 유화

Pietà, after Delacroix 크뢸러 미술관

 나는 들라크루아의 〈착한 사마리아인〉을 보고 깊은 감명을 받았어. 고통을 짊어진 사람, 도와주는 사람, 그것은 나 자신의 모습이기도 했지. 고통은 언제나 현실이고, 그 속에서 누군가를 들러 업고 가는 것이 사랑이야. 그건 나에게 예술이 무엇을 해야 하는지를 말해주는 장면이었어. 나는 들라크루아처럼 붓질을 세밀하게 하지 않았지만, 더 강렬한 색으로 표현했어. 황토색 언덕, 푸른 하늘, 그리고 짙은 붉은 그림자. 고통과 사랑의 대비를 색으로 보여주고 싶었지. (1890.5)

착
한

손
길

날개가 꺾인 새, 울고 있다

하늘과 선처럼 연결된 착한 손길

날아라, 너는 아직 하늘이다

작가의 말 ···

 들라크루아의 작품을 모티프로 그렸다. '착한 사마리아인'이 단순한 성경 속 인물이 아닌, 자비를 베푼 자신의 자화상이라는 것을 암시했다. "어떤 사람이 길을 가다가 강도들을 만나 초주검이 돼 길거리에 버려졌다. 그런데 어떤 제사장이 그 길로 내려가다가 그 사람을 보고는 길 반대쪽으로 지나가 버렸다. 그러나 여행 중인 어떤 사마리아인은 그를 보고는 가엾은 마음이 들어 다가가 상처에 기름과 포도주를 붓고 싸맨 다음, 자기 말에 태워 여관으로 데려가 비용을 들여 보살펴 주었다". (누가복음 10장)

아를 병원의 정원 1889 73×92cm 캔버스에 유화

테오에게...

　내 병실 창문에서 내려다보이는 정원은 사각형 안에 원형 길이 있고, 그 가운데는 작은 연못이 있어. 정원의 구획은 단순하지만, 그 안에서 나는 놀라운 색채 조화를 느꼈어. 하늘색, 연보라색, 밝은 노란색, 그리고 흰색 꽃들이 있었지. 나는 이 색들을 가능한 한 조화롭고 부드럽게 표현하려고 했어. 마치 마음속 고통을 덜어주는 색처럼. 그림을 그리는 건 나를 붙잡아주는 일이지. 이 정원은 고통 속에서도 나에게 조용한 질서를 느끼게 해 줬어. (1889.5~8)

정
신
병
원
에
서

창 너머 바람이 운다

어둠 속에서 별이 웃는다

발작이 오고, 그림이 춤을 춘다

작가의 말 ....

고흐가 입원했던 정신병원이다. 귀를 자른 사건을 저지른 후 이 병원에서 절망감을
달래며 그린 그림이다. 칼날이 귀를 스쳤고, 몸을 빠져나온 절망의 그림자가 이곳저
곳을 따라다녔다. 햇빛은 사방을 비추는데 창 너머엔 바람이 서럽게 울어, 잿빛 그림
자가 음침하다. 달이 지면 해가 뜨고, 어둠 속에서도 별이 빛나듯 내게도 반드시 푸른
새벽이 올 거라는 희망을 잃지 않았다. 다채로운 꽃들이 이를 말해주고 있다.

올리브를 따는 여인들 1889 73×92cm 캔버스에 유화

Women Picking Olives, 뉴욕 현대미술관

테오에게 ....

 나는 세 명의 여인이 올리브 나무 사이에서 수확하는 장면을 그렸다. 이 장면은 내게
어떤 성서적인 장면처럼 느껴졌지. 거친 자연, 구부러진 나무들, 햇살과 여인들의 몸
짓 속에 내가 바라는 종교적 감정이 담겨 있다. 그 장면은 꽤 시적이고, 나로서는 고
대의 목가적인 광경을 떠올리게 했어. 특히 여성들의 동작 하나하나가 마치 예배의
몸짓처럼 느껴졌지. (1889.11)

올
리
브

따
는

여
인

이리저리 휘둘리고

옹골지게 뒤틀린 나이테

여인의 손끝이 묵은 햇살을 품는다

작가의 말 ···

　고흐는 병원에 입원해 있는 동안 18점의 올리브나무를 그렸다. 그는 올리브나무를
그리면서 무슨 생각을 했을까. 성경에 따르면 예수가 처형되기 전날 겟세마네 동산에
서 기도를 올렸는데 그곳은 올리브나무가 무성한 곳이었다. 그는 이곳에서 "나의 소원
대로 마옵시고 하나님의 뜻대로 하옵소서"라고 기도했다. 이는 정신적 고통을 받아들
이되 화가의 길을 묵묵히 걷겠다는 결단을 보여주는 듯하다.

숲을 산책하는 남녀 1889 100×50cm 캔버스에 유화

테오에게 ....

　나는 나무 사이를 걷는 연인을 그렸어. 햇살이 가지 사이로 흘러내리고, 그 아래로 사람의 검은 실루엣이 조용히 움직이지. 그 장면엔 말로 표현할 수 없는 평화와 고요가 있더군. 사랑하는 사람과 자연을 함께 담는 건 나에게 큰 위로가 돼. 내가 그리는 연인들은 이야기하지 않아. 다만 함께 있다는 사실이 작품 전부다. (1889.9)

산책하는 연인

내 자리도 저곳에 있을까

사랑은 왜,

멀리서만 나를 비추는가

작가의 말 ···

산책하는 남자는 고흐 자신인 듯 선명하게 그려져 있다. 하지만 여인은 배경색과 같은 색으로 그려져 선명하지 않다. 고흐는 평생 함께할 수 있는 반려자를 원했으나, 그림 속 여인처럼 희미한 허상에 불과했다. 자신이 가질 수 없는 것에 대한 뼈아픈 결핍이 엿보인다.

천사의 반신상 1889 54×84cm 캔버스에 유화

Half Figure of an Angel, after Rembrandt 소장처 미상

테오에게...

　진정한 예술은 종교보다 더 깊은 것을 전할 수 있어. 내가 그리려는 것은 단순한 초상이 아니라, 한 사람의 영혼이야. 마치 천사의 반신상처럼, 보는 이로 하여금 위안을 주는 그런 것이지. 어떤 초상은 그 자체로 천사의 형상일 수 있어. 우리가 보는 것은 눈, 코, 입일 뿐이지만, 그 너머에는 내면의 평온, 고통, 믿음 같은 것들이 함께 있어. 들라크루아가 표현했던 천사처럼, 힘 있고 아름답지만, 고통과 연민을 함께 지닌 존재를 그렸어. (1889)

구
세
주

고통 속에서 피어난 얼굴

눈먼 별처럼, 말없이 다가와

어둠의 틈새에 빛을 비춘다

작가의 말 ···

이 작품은 램브란트 작품을 고흐 본인만의 색깔로 모작했지만, 동생 테오를 생각하
며 그렸지 않았을까 하는 생각이 든다. 테오는 고흐에게 수호천사였다. 천사여, 어둠
이 짙게 깔린 밤에도 눈동자처럼 지켜주시고, 휘몰아치는 폭풍 속에서도 한 걸음도 물
러서지 않는 당신. 당신의 날개는 방패, 세상의 칼날로부터 나를 지키시고, 내 마음이
흔들릴 때마다 내 곁을 지키시는 당신이여. 어둠의 틈새에 빛을 비추소서.

사이프러스가 있는 밀밭 1889.6 73. x 93.5cm 캔버스에 유화

Wheat Field with Cypresses, 뉴욕 메트로폴리탄 미술관

테오에게...

오늘은 밀밭을 그렸어. 황금빛 들판이 바람에 출렁이고, 하늘은 푸르고 흰 구름이 떠다녀. 사이프러스가 그곳에 우뚝 솟아있는데, 마치 이탈리아식 건축물처럼 아름답고 위엄 있어 보였어. 사이프러스는 아주 검고 강한 선으로 하늘을 찌를 듯 솟아있어. 고통과 희망이 동시에 느껴지는 나무야. 나는 그것을 내 방식으로 해석해서 그리고 싶었지. 사이프러스는 늘 나를 감동을 주었어. 그것은 슬픔을 표현하면서도, 동시에 평온함 을 준다. (1889.6.25)

사
이
프
러
스

울음을 삼킨 하늘

불꽃처럼 피어나는 외로움

고독의 첨탑이 이승과 저승을 잇고 있다

작가의 말 ....

사이프러스는 측백 나무과 침엽수이다. 생레미 요양원 시기 고흐 그림에는 사이프러스 나무가 자주 등장한다. 사이프러스는 영원성과 죽음의 평온함을 상징하는 나무로, 고흐의 고독을 가장 닮은 오브제이다. 고흐는 "사이프러스는 죽음처럼 우울하지만, 동시에 생명처럼 아름답다"라고 했다. 그래서인지 불꽃처럼 하늘로 솟아오르는 형상을 자주 표현했다.

정오의 휴식(낮잠) 1889 73×91cm 캔버스에 유화

La méridienne 오르세 미술관

테오에게..

나는 밀레의 '정오의 휴식'을 그렸어. 마치 태양의 중심에서 흘러나오는 정적처럼, 거기엔 그늘, 평화, 그리고 자연의 따뜻함이 있지. 지금 내 상태로선 야외에서 직접 그리는 게 어렵기에, 밀레의 작품을 보며 마음을 달래고 연습하고 있지. 하지만 단순한 복제가 아니라, 나만의 색과 느낌으로 번역하고, 빛을 통해 새로운 감정을 담아내고 싶었어. 태양 아래에서 잠시 쉬는 이 농부들처럼. (1890.1)

정오의 휴식

영혼의 때를 씻고

삶의 무게를 덜어내며

무한 자유를 꿈꾸고 있다

작가의 말 ....

날빛 아래 누운 두 사람, 땅에 묶인 듯 보이지만 순간의 자유를 누리고 있다. 노동 속에서도 잠시의 휴식이 주는 안락함과 자유로움을 만끽하고 있다. 장 프랑수아 밀레의 원작을 바탕으로 제 창작한 것으로 기본 구도만 좌우로 바뀌어 있을 뿐 모두 동일하다.

협곡 1889.12 73.2×93.3cm 캔버스에 유화

테오에게 ....

  나는 요즘 산속 협곡으로 자주 나간다. 그곳은 황량하면서도, 뭔가 숭고한 기운이 감돌아. 깎아지는 절벽, 돌들 사이의 풀들, 거기에는 삶의 끈질김 같은 게 있어. 이곳에서 나는 자연의 가장 격렬한 감정을 느낄 수 있어. 바람, 절벽, 하늘 - 마치 내 마음의 풍경을 닮았지. 협곡은 위험하지만 아름답고, 마치 우리 삶이 그러하듯이 복잡한 감정을 담고 있어. 이 협곡은 나의 혼란스러운 마음을 가라앉히는 것 같았지. 이곳을 그리는 행위 자체가 나에겐 치유였어. (1889.10)

협곡

땅 위로 솟으려다 뒤틀린 바위

바위 위에 걸터앉은 색의 파편

황량한 내 삶 속에, 단비가 내린다

작가의 말 ....

고흐는 협곡을 그리면서 어머니에게 편지를 보냈다. 산 사잇길 바위틈에 당신의 사
랑이 흐르고 있어요. 작은 개울에 그리움을 띄워 보냅니다. 여기저기 덤불들도 있어
요. 빗자루 나무들, 라일락 향기 묻은 바위들, 가을이 불러온 것들입니다. 개울이 비
누 거품처럼 웃어요. 하늘이 푸른 웃음을 보내고 있어요. 당신의 사랑이 그립습니다.
(중략) 협곡에 담긴 색의 파편은 억눌린 열정, 거품처럼 사라질 하얀 꿈이었던 걸까.
아니면 혼란스러운 마음을 가라앉히는 치유였을까.

꽃피는 아몬드 나무 1890.2 73.5×92cm 캔버스에 유화

Blossoming Almond Tree 반 고흐 미술관

테오에게..

    아기가 태어났다는 소식은 정말 큰 기쁨이었어. 이름을 내 이름으로 지었다니 더욱
놀랍고 감사 해. 나는 그 아이에게 생명의 시작과 봄의 기운을 담은 그림을 선물하고
싶었어. 그래서 꽃피는 아몬드 나무를 그렸지. 푸른 하늘 아래, 하얗게 피어난 꽃들
은 우리 모두에게 새로운 시작을 약속해주는 듯했어. 이 그림은 내 마음속 평화의 소
망을 담은 것이야. 아기에게 보내는 작은 축복이지. 나는 이 그림이 그 아이에게 평생
좋은 기억으로 남길 소망한다. (1890.2)

조
카
에
게

굴곡진 혈통인데

다문다문 피어난 꽃송이

네 첫봄, 축하해

작가의 말...

　테오는 태어난 아기의 이름을 본인의 이름이 아닌, 형의 이름인 빈센트로 지었다. 평소 형을 존경했고, 분신도 없는 형을 위로하기 위해서였을까. 고흐는 테오의 배려를 사양했지만, 테오는 아들 이름을 빈센트로 지었다. 고흐는 자기 이름을 딴 조카의 출생을 축하하기 위해 이 그림을 그려 선물로 주었다. 한편 고흐는 사산된 형과 같은 날에 태어났고, 이름도 형의 이름(빈센트)을 그대로 물려받았다. 고흐의 생일에는 먼저 세상을 떠난 형의 추모 분위기가 집안에 흘러 고흐는 불편했다.

첫걸음 1890 72.4×91.2㎝ 캔버스에 유화

테오에게...

　밀레의 '첫걸음'을 내 방식대로 옮기고 있어. 작은 아이가 아버지를 향해 발을 내딛는 순간은 말로 할 수 없이 감동적이야. 이 장면은 너무도 단순하지만, 한 가족의 전체 역사가 그 안에 담겨 있는 듯하지. 아이의 성장, 부모의 사랑, 노동과 휴식… 내가 지금 표현하고 싶은 모든 것이 그 안에 있어. 나는 그저 그것을 나의 색으로 번역하려는 것이지. 밀레가 영혼을 담았듯이, 나도 내 감정을 담고 싶었어. (1890.1)

첫
걸
음

작은 우주

한 걸음, 한 걸음 거리를 좁히면

발자국마다 새 꿈이 자란다

작가의 말

밀레의 〈첫걸음〉을 보며, 동생 테오처럼 따뜻한 가정을 꿈꾸고 있는 것은 아니었을
까. 이 그림은 테오와 그의 아내 요안나 그리고 테오의 아들 빈센트를 연상하게 한다.
아내도 아들도 없는 고흐는 이 그림을 통해 대리 만족을 하려는 것이었을지 모른다.

피에타 1889.5 41.5×34cm 캔버스에 유화

Pietà, after Delacroix 반 고흐 미술관

테오에게...

　최근에 나는 들라크루아의 피에타를 베껴보았어. 단순히 따라 그린 것이 아니라, 내 감정으로 번역하려 했지. 마리아의 얼굴은 밤하늘처럼 깊고 고통스러웠고, 나는 예수의 얼굴에서 인간의 절망과 위안을 동시에 느꼈어. 이 그림을 그리는 동안 나 자신이 십자가에 매달린 것 같은 느낌이었어. 그것은 종교적인 회화라기보다도 인간의 고통에 대한 응답이었지. (1889.9)

피
에
타

마리아의 품은

어둠도 울음을 멈춘 곳,

끝이 아닌 부활의 숨결

작가의 말 ....

피에타는 예수가 십자가에 못 박혀 피 흘리며 죽은 사건이다. 예수가 부활했듯이
고흐는 자신의 그림도 먼 훗날 부활하리라는 소망을 갖고 그리지 않았을까. 고흐는
아마 이렇게 기도했을 것이다. 성모여, 그 눈물이 어찌 이리 짠가요. 슬픔이 가슴을
짓누르는데 차마 울지 못합니다. 성모여, 나를 안아주소서. 별빛이 내 영혼에 머물게
하소서. 삶과 죽음의 경계에서 피처럼 붉은 어둠이 밀려옵니다. 그대가 사랑이라면,
당신이 부활했듯이 저를 구하소서.

노인의 슬픔(영원의 문에서) 1890.5 65.5x81.8cm 캔버스에 유화

Old Man in Sorrow 크뢸러 미술관

테오에게..

　나는 슬픔에 잠긴 노인을 다시 그렸어. 그는 불에 덥혀진 난로 옆에 앉아, 머리를 손에 묻은 채… 그 안에 담긴 것은 단순한 피로가 아니라, 삶 자체의 무게지. 이런 장면은 단순한 절망의 표현이 아니라, 영혼 깊은 곳에서 나오는 침묵의 외침이라 할 수 있지. 어쩌면 이런 인물화야말로 우리가 지금 가장 그려야 할 인간상일지도 몰라. 고통 속에 있는 사람도 여전히 살아 있다는 것을 보여주고 싶었어. 그것이 내가 '예술이 줄 수 있는 위안'이라 믿는 것이지. (1890)

절
망

관절 마디마디 시린 바람이 분다

그의 몸은 빗맞아 뒤틀린 못처럼 휘었고,

가린 손바닥 너머에선 신음이 들린다

작가의 말 ....

 제목은 '슬픔'이지만 사실 삶이 끝나버린 상태인 것 같다. 표정을 보여주지 않고
도 슬픔과 절망을 남김없이 드러내 보이는 몸짓을 그려냈다. 이 그림은 고흐의 심리
상태를 반영한 것 같다. 삶의 둑이 무너진 걸까. 주름 잡힌 그의 손은 썰물이 지나간
것처럼 앙상하고, 가려진 얼굴엔 슬픔이 가득하다.

원을 돌고 있는 죄수들의 모습 1890 80×64cm 캔버스 유화

Prisoners Exercising(Talking the Air in a Prison Yard)|푸쉬킨 미술관

테오에게..

요즘 나는 도래의 '감옥 안뜰'을 다시 그리고 있어. 원 안에서 도는 죄수들은 마치 우리 삶 자체의 비유 같지 않나? 하늘은 보이지 않고, 벽은 높으며, 그 안에서 반복되는 움직임은 절망의 무게를 보여주지. 그림 속 인물들은 모두 다른 얼굴이지만, 그 누구도 서로를 보지 않아. 고립된 존재들이 함께 있으나 철저히 혼자인 상태, 바로 내 상태이기도 해. 그들 중 하나는… 어쩜 내 얼굴을 하고 있을지도 모르지. (1890.2)

감옥

창문은 높고,

하늘은 먼 나라

그림자조차 도망치지 못하네

작가의 말..

 벗어나려고 몸부림을 쳐도 벗어나지 못하고 원을 빙빙 돌고 있는 모습이 고흐 자신
을 바라보는 듯하다. 완벽하게 차단된 벽의 구조는 마치 고흐의 정신적 소외감을 보
여주고 있다. 벽 중앙 상단에 두 마리의 나비가 날고 있다. 자유와 해방을 위한 영혼
의 날갯짓을 표상하는 듯하다.

5부

오베르 쉬르 우아즈 시기

오베르 쉬르 우아즈는 파리에서 북쪽으로 50㎞ 떨어진 곳으로, 1890년 그 곳에 도착하여 죽음에 이르기 전까지 마지막 70일간 머물렀다. 오베르 쉬르 우아즈에서는 무려 80여 점의 유화 작품을 그려냈다.

그는 "내가 보는 것을 사람들에게 보여주고 싶어. 내가 보는 걸 다른 사람들과 공유하고 싶어요. 난 슬픔 속에서 기쁨을 느껴요. 때론 병이 우릴 치료하죠. 신은 미래의 사람들을 위하여 절 화가로 만들었나 봐요."라고 했다.

〈까마귀가 있는 밀밭〉은 그의 생애 마지막 작품으로 알려져 있다. 7월 27일 그는 자살을 시도하고 이틀 후인 7월 29일에 생을 마감했다. 유일한 친구였던 동생 테오 곁에서 생을 마감하며 부모에겐 비밀로 해달라고 했다.

1890.5.25~1890.7.29

고향 향수에 젖은 채 생을 마감한 시기

사이프러스와 별이 있는 길 |
꽃피는 밤나무 | 가세 박사의 초상 |
정원에 있는 마게리트 가세 | 개양귀비가 핀 들판 |
마차와 기차가 있는 풍경 | 도비니 정원 |
오베르 쉬르 우아즈 교회 | 까마귀가 나는 밀밭 |
나무뿌리

사이프러스와 별이 있는 길 1890.5 92×73cm 캔버스에 유화

Road with Cypress and Star 크륄러뮐러 미술관 소장

테오에게 ....

 별이 반짝이는 하늘 아래 사이프러스 나무가 있는 밤 풍경을 그리고 싶어. 사이프러스는 고귀하고 아름다운 선이 있고, 불꽃처럼 생겼지. 밤은 나에겐 더 살아 있는 색으로 가득한 시간이야. 죽음은 별에 도달하는 것과 같다. 우리는 기차를 타고 떠나듯 그렇게 별로 간다고 생각해. 길에는 하얀 말이 묶여 있는 노란색 마차가 서 있고, 갈 길이 저물어서 서성거리는 나그네 모습도 보인다. 아주 낭만적인 풍경이지. (1890.6)

사이프러스와 별

초승달이 보름달로 차오르면

폭풍을 묶어줄 닻이 내려와

따뜻한 둥지를 마련해 주었으면

작가의 말 ....

별이라 하기에는 유난히 크게 그려진 보름달 같은 둥근 별과 오른편으로 등불 같은
초승달이 보인다. 그림의 두 남자는 고흐와 동생 테오의 모습으로 겹쳐진다. 그들을
따라오는 수레에는 그들의 부모님이 아닐까. 고흐가 기숙학교에서 홀로 지내던 어린
시절 부모님은 가끔 마차를 타고 면회를 왔었다.

꽃피는 밤나무 1890.5 63.3×49.8cm 캔버스에 유화

Blossoming Chestnut Trees 크뢸러 미술관

테오에게 ....

나는 꽃이 피는 밤나무를 보며, 어두운 하늘 아래에서도 생명이 찬란하게 빛날 수 있다는 것을 느낀다. 이곳 오베르는 조용하고 평화로워. 나무들이 꽃을 피우는 풍경은 마치 잠시나마 모든 고통을 잊게 해주는 것 같아. 자연 속에서 그림을 그리는 일이 내게는 일종의 휴식이자 해방이야. 색채를 통해 살아 있음을 느낄 수 있어. (1890.5)

밤
톨
이

밤꽃은 향기로 유혹하고

밤송이는 가시로 거절한다

속살을 보려면, 세 겹의 진심이 필요하다

작가의 말 ....

초여름 밤꽃 향기는 가히 노골적인데 그 결실인 밤송이는 가시가 돋아 섣불리 다루다
간 화를 당한다. 밤톨이 성숙해지면 몸을 조금씩 드러내는데, 맨몸을 보려면 세 겹의
봉인을 해제해야 한다. 밤송이 집은 단칸방, 그 방안에는 3인, 2인, 독신이 살고 있다.
집을 뭉개면 토실토실한 밤톨이 야드르르 얼굴을 내민다.

가셰 박사의 초상 1890.6 67×56cm 캔버스에 유화

테오에게 ···

 나는 가셰 박사의 초상을 그렸다. 그의 얼굴은 피곤하고 슬프지만, 그 안에는 감정이
풍부하게 담겨 있어. 현대적인 초상화를 그리려는 나의 시도 중 하나야. 그의 표정에
는 우리 시대의 아픔이 녹아 있어. 이 인물은 예술가 자신처럼 병들었지만, 그럼에도
진정한 인간성과 부드러움을 지닌 존재로 보인다. 그의 얼굴에는 슬픔의 인장이 새겨
져 있다. 하지만 바로 그것이 이 인물의 진정한 아름다움이라고 나는 생각한다. 이런
슬픔을 표현하는 것이 현대적인 초상화다. (1890.6.3)

가세와 고흐의 영혼

슬픔이 내려앉은 가세의 눈빛

고흐의 눈길과 마주하고 있다

빛깔은 다르지만, 슬픔은 같다

작가의 말 ....

가세는 고흐의 치료를 담당했던 신경정신질환 분야의 의사이다. 평소 그림에 관심
이 많아 인상주의 화가들과 교류를 했으며 직접 그림을 그리기도 했다. 고흐는 가세가
어딘지 모르게 아파 보이고, 멍해 보인 것 같다고 했다. 그는 이 모습을 담아 초상화를
그려 가세에게 선물했다. 이 작품은 1990년 경매에서 1,000억 원에 낙찰되었다.

정원에 있는 마게리트 가세 1890.6 46×55cm 캔버스에 유화

Marguerite Gachet in the Garden 오르세 박물관

테오에게 ....

나는 가셰 박사의 딸을 그렸다. 그녀는 조용히 꽃들과 함께 있었다. 꽃들과 나무들 사이에 있는 그녀는 아주 순수하고, 자연 속에 잘 녹아 있었다. 그녀는 단순하고 조용한 인물이며, 나는 그녀를 과장하지 않고 자연 그대로 그리고자 했다. 강렬한 햇살 아래 정원에서 그녀의 모습은 평온했고, 색은 생명으로 가득 차 있었다. 그녀는 매우 조용하고 섬세한 성격을 가진 소녀. 꽃들과 어울려 있는 그녀의 모습은 마치 한 편의 음악 같았다. (1890.5)

벽을 넘지 못한 소녀

그들이 서로의 상처를 들여다보고 있다

그의 가난은, 그녀의 상처를 보듬지 못했고

그녀의 기다림은, 떨어진 꽃잎처럼 축축했다

작가의 말 ....

 고흐와 마게리트는 서로 가정으로부터 애정 결핍이라는 공통점이 있었다. 이들은 그림을 통해 서로 교감하며 연민의 정을 느꼈다는 연구결과가 있다. 가셰 박사는 이런 상황을 우려하여 경고하기도 했다. 고흐는 16살의 나이 차이와 자신의 피폐해진 환경 때문에 애정 관계를 진전시키지는 못했다. 하늘을 향한 사이프러스처럼 닿을 수 없는 별을 좇다가 1개월 후 생애 마지막 연정을 끊어 내었다.

개양귀비가 핀 들판 1890.6 82.7cm×102cm 캔버스에 유화

Field with Poppies 헤이그 시립미술관

테오에게 ···

 나는 붉은 양귀비꽃이 가득 핀 들판을 그렸어. 이곳의 자연은 단순하면서도 색이 너무 아름다워서 붓을 들지 않을 수가 없었지. 강한 붉은색은 생명과 열정, 때로는 피를 연상케 하지. 하지만 이 들판은 이상하게도 아주 평화롭게 느껴졌어. 밝은 하늘 아래로 넘실거리는 꽃들은 마치 노래하는 것 같았지. (1890.6)

봄

내게 봄은 있었는가

나비 한마리 들지 않았다

그대의 가슴에 불을 지피고 싶다

작가의 말 ···

 개양귀비는 봄에 피는 꽃이다. 봄은 용수철(spring)이다. 단단한 땅을 헤집고 나
오는 새싹들의 탄력성과 맞닿아 있다. 또 봄(seeing)은 누군가를 바라보는 것이
다. 올 봄엔 그대 마음을 들여다볼 수 있으려나. 그대가 바라보는 곳을 나도 보고
싶다. 고흐에게 이 봄은 마지막 봄이었다.

마차와 기차가 있는 풍경 1890.6 72cm×90cm 캔버스에 유화

Landscape with Carriage and Train in the Distance푸쉬케 미술관

테오에게 ....

 기차가 들판을 가로질러 지나가는 모습을 그렸어. 하늘은 황혼빛으로 물들고, 철로 주변에는 녹색 풀과 들꽃이 어우러져 있지. 기계적인 소리 속에도 어떤 고요한 서정이 흐르는 걸 느꼈어. 기차는 우리 시대의 상징이야. 빠르게 지나가지만, 자연은 여전히 그 자리에 있지. 그 안에서 인간은 어디론가 가고 있고, 또 사라지기도 해. 마차가 지나가는 시골길도 그렸는데, 흙먼지가 일어나고 먼 배경에 하늘과 나무가 흐릿하게 어우러져 있어. 그 장면을 보면 왠지 고향 같은 감정이 올라와. (1894.6.)

마차와 기차

하늘은 기차의 빠름에도,

마차의 느림에도, 어느 한 편 기울지 않았다

세월을 품어버린 걸까?

작가의 말 ....

기차는 성난 짐승처럼 달리고, 마차는 구부러진 길 위에서 한가롭게 옛노래를 읊조리고 있다. 새로운 문물을 향해 달려가는 기차와 그 반대 방향으로 쓸쓸히 가는 마차는 현재와 과거를 보는 듯하다. 새로움과 옛것의 경계에서 마차를 탄 부모님과 기차를 타고 달리는 고흐 자신을 묘사하고 있는 듯하다.

도비니의 정원 1890.7 103×53cm 캔버스에 유화

Le Jardin de Daubigny 스위스 바젤 미술관

테오에게 ....

도비니의 정원을 그렸어. 너무도 조용하고, 너무도 아름다워서 그 안에 있는 새소리
조차 붓으로 담고 싶었지. 이 정원은 도비니가 살았던 흔적이 느껴졌어. 나는 그를 존
경했고, 그의 삶을 느끼고 싶었지. 어쩌면 도비니가 살아 있었을 때 그린 자연의 모습
이 여기에 남아 있는지도 모르지. 도비니는 내가 존경하는 예술가 중 한 명이고, 그의
발자취를 따라 그림을 그린다는 것이 기쁘기도 했어. 나는 이 정원을 그리면서 고요
함과 평화를 느꼈고, 색채로 표현하려고 애썼다. (1890.7)

우정의 뜰

사랑은 예술이 되고
예술은 우정이 되는
늘 푸른 노년의 슬픈 비애

작가의 말 ....

고흐가 세상을 떠나기 10일전 그린 그림이다. 도비니는 평소 고흐가 존경했던 인상
파 화가의 대부였다. 도비니는 절찬한 벗이자 화가였던 도미애와 말년에 이곳에서 함
께 살았다. 당시 도미애는 눈이 먼 상태였기 때문에 누군가의 도움이 절실히 필요했
다. 도비니 부부는 그러 도미애를 기꺼이 자신의 집에서 머물게 했다. 고흐도 테오와
이런 곳에서 평생을 함께 살고 싶었던 것은 아니었을까.

오베르 쉬르 우아즈 교회 1890.6 74×94cm 캔버스에 유화

The Church at Auvers 오르세 미술관

테오에게...

　나는 지금 오베르의 교회를 그렸다. 이 건물은 특이한 모양이고, 마치 검은 드레스를
입은 늙은 여자처럼 보이기도 해. 그 뒤편 하늘은 짙고 파랗고, 그 안에서 교회는 희미
하게 흔들리는 듯하지. 빛이 없는 내부. 뿌리 내리지 못한 종교처럼 느껴져. 그러나 밖
은 태양이 밝게 빛나고 있고, 자연은 살아 숨 쉰다. 그 대비가 강렬해서 그림으로 표현
하지 않을 수 없었어. (1890.6.)

갈
림
길

길은 갈라졌다

누군가는 신의 품으로,

누군가는 닻에 묶인 난파선

작가의 말 ....

세월을 낡은 흔적이 가득한 교회가 하늘로 오르려는 듯 꿈틀거린다. 하늘과
십자가가 선처럼 닿아 있고, 동서로 나뉜 갈림길, 서쪽을 향하고 있는 사람의 모
습에서 인생의 종착역을 보는 듯하다. 이 그림은 고흐가 죽기 한 달 전 그린 그림
이다.

까마귀가 나는 밀밭 1890.7 103×50cm 캔버스에 유화

Wheat field with Crows 반 고흐 미술관

테오에게 ....

 나는 광활한 밀밭 몇 점을 그렸어. 나는 끝없는 들판과 먹구름 낀 하늘을 그리고 있
다. 고독하고, 쓸쓸하고, 너무나도 넓고. 나는 이 광대한 밀밭 속에서 슬픔과 극도의
외로움을 느낀다. 이것들이 내 슬픔을 덜어주지 않으면 안 될 것 같아서 말이야. 극도
로 흐린 하늘 아래, 거센 바람 속에서 일렁이는 들판… 그 속에는 비극적인 표현이 담
겨 있어. 하지만 그 안에 또한 위로가 있다는 걸 느끼게 돼. 이는 성난 하늘 아래의 거
대한 밀밭을 묘사한 것이고, 나는 그 안에 있는 슬픔과 극도의 외로움을 표현하고자
했다. (1890.7)

까
마
귀

날
갯
짓

머물고 싶은데, 자꾸 밀어낸다

삶과 죽음, 그 갈림길에서

까마귀는 왜, 검은 하늘을 향하는가

까마귀는 우리에게 불길한 징조를 상징한다. 어둡고 낮은 하늘과 불길한 까마귀
떼, 어디로 가야 할지 알 수 없는 세 갈래 길은, 자살 직전 그의 절망감을 강하게
묘사하고 있다. 이젠 고통의 날갯짓 멈추는 것일까. 이젠, 희망의 날갯짓 펼치는
것일까. 끝이 아닌 시작인가. 영원한 안식의 길목에서 그는 가슴에 총을 쐈다.

나무뿌리 1890.7 100×50cm 캔버스에 유화

테오에게 ....

가끔 나무의 뿌리를 보면, 그것이 땅 속에서 얼마나 복잡하게 얽혀 있는지 놀라워. 그건 마치 인간의 마음 같아. 겉으론 단순하지만, 안으로는 너무도 복잡하지. 생명은 나무의 뿌리처럼, 보이지 않는 곳에서부터 복잡하게 얽히고, 서로 영향을 주며 성장하는 것 같아. 모래같은 땅에 박힌 나무 뿌리, 경련이라도 일으키듯 심하게 뒤틀린 채 땅속에 박혀 있는 뿌리와 비바람에 부분적으로 드러난 뿌리를 표현하고 싶었어. 뒤틀린 나무 뿌리는 삶에 투쟁하는 모습 같아. (1890. 7)

나
무
뿌
리

악착같이 움켜쥔 헐거워진 손가락,
운명을 직감한 걸까!
한숨에 터져버린 옹이에 슬픔이 고인다

작가의 말 ....

이 그림이 마지막 작품이라는 설도 있다. 뿌리라는 그림을 통해 삶의 투쟁적인
모습을 보여주고 있다. 이 뿌리는 옹골지게 살아온 흔적, 악착같이 움켜준 손가
락처럼 살아남으려고 안간 힘을 쏟고 있다. 경련을 일으키듯 뒤틀리며 마디마디
짜내는 마지막 외침, "이젠 모든 것이 끝났으면 좋겠어"라는 말이 고흐 자신의 현
주소를 말하는 듯하다.

6부

반 고흐 자화상

고흐는 인물을 그릴 때 사실대로 그리지 않고 그 사람에게 담긴 영혼을 그렸다. 그의 자화상을 보면 그의 감정과 정체성을 읽을 수 있다. 1886년에는 현실적 묘사와 어두움을, 1887년에는 인상주의 영향으로 색채 실험을, 1888년은 화가로서의 자기 인식을, 1889년은 정신적 고통 속의 정리와 고백을 그렸다.

그는 40여 편의 자화상을 그린 것으로 알려져 있는데, 1886~ 1889년 파리 시절에 25점이 제작되었다. 이 책에는 그가 그린 7편의 자화상이 시(詩)와 함께 있다.

반 고흐가 자화상에 집착한 이유는 첫째, 경제적으로 어려운 시기에 모델을 구할 여유가 없었기 때문이다. 그는 자신의 얼굴을 거울로 보며 자화상을 많이 그렸다. 둘째, 인물화에 대한 그의 집착이다. 그는 인물의 외형보다는 인물 내면의 표현에 한층 다가가려 했다. 그래서인지 그가 그린 자화상과 인물화에는 개개인의 삶과 연륜이 배어있다. 고흐의 자화상을 보면, 실제 나이(30대)보다 훨씬 더 늙어 보인다. 왜일까?

1886 ~1889

파리~아를~생레미 시기

반 고흐 자화상 1886 40.3×34cm 캔버스에 유화

Self-Portrait 위즈위스 · 아테네움 미술관

테오에게...

　성당보다는 사람의 눈을 그리는 게 더 좋다. 사람의 눈은, 그 아무리 장엄하고 인상적인 성당도 가질 수 없는 매력을 담고 있다. 거지든 매춘부든 사람의 영혼이 더 흥미롭다. (1885.5.)

고흐의 눈빛

그의 눈빛은 햇살을 삼키고,

또 삼키고도 모자라

해를 향해 고개 드는 해바라기

작가의 말..

　고흐의 삶은 가난+고독+상처+슬픔+무시+편견+질병이 일곱 개 나사산처럼 돌고
돌아 무지개로 연결되고 별빛으로 흐른다. 그의 눈빛은 여름철 은하수처럼 깊고 강
렬하다. 어둠이 짙게 깔린 들판에서도 꼭 빛나고 말겠다는 의지가 눈 속에 가득
서려 있다. 그의 눈 속에 담긴 이야기를 꺼내면 삶의 고통이 희망으로 변주된다.

반 고흐 자화상 1887.6 32.8×24cm 캔버스에 유화

Self-Portrait, Paris, Oil on Cardboard 크뢸러 뮐러 미술관

테오에게 ....

  나는 거울을 보며 자화상을 그리고 있어. 색을 통해 나 자신을 표현하려고 해. .다른 사람이 어떻게 나를 보든, 나는 내 안의 화가를 표현하고 싶어. (1887.1)

우울한 고흐

길을 잃어버렸다

개구리밥처럼 둥둥 떠다니다가

허방다리에 빠져 허우적거렸다

작가의 말..

고흐는 고통 속에서도 불꽃처럼 창작활동을 했다. 그런데 무엇이 고흐에게서 빛과 생기를 앗아간 걸까. 34세 고흐는 왜 한순간에 늙어버린 걸까. 그에게 아물지 않는 상처는 무엇이었을까. 그의 덧난 상처에 연고를 발라주고 위로 해주고 싶다.

이젤 앞에 있는 자화상 1888 65.5×50.5cm 캔버스에 유화

테오에게 ....

　나는 더는 자연을 직접 보지 않고 그리는 연습을 하고 있어. 내면에 있는 감정을 캔버스에 투영하고 싶거든. 지금 내가 그리는 자화상은, 말하자면 예술가로서의 존재를 증명하려는 것이야. (1888.1)

나는 화가다

눈동자 안에 번진 햇살이

화폭 위에 나를 녹여 낸다

이제부턴, 내 붓끝이 불꽃이 될 거야

작가의 말...

고흐는 아픔을 재료로 그림을 그렸지만 아픔과 맞섰고, 삶으로부터 버림을 받았지만 삶을 사랑했고, 사랑으로부터 추방당했지만, 사랑을 사랑했다. 한땀 한땀 꿈을 향해 다가갔지만, 별에는 도달하지 못했다. 죽어서야 별이 되었다.

귀에 붕대를 감은 고흐 자화상 1889 60×49cm 캔버스에 유화

테오에게 ....

　귀를 자른 사건 이후 나는 내 모습을 거울로 마주하며 자화상을 그렸어. 붕대를 감고 있는 내 얼굴을 보면서, 다시 살아야겠다는 생각을 했지. 그림은 내 안의 질서를 되찾는 수단이야. 나는 다시 그림을 그릴 수 있게 되었어. 정신은 여전히 불안하지만, 붓을 들 수 있다는 것만으로 위로가 돼. 스스로를 바라보는 일이 두렵기도 하지만, 그려야만 해. (1889.1.17)

귀
를
자
른
고
흐

잘린 것은 귀가 아니라 벽이었어

끊긴 연줄에 매달린 연처럼 매달려도

한 줄기 메아리조차 없었다

작가의 말...

"난 내가 '별'인 줄 알았어요. 한 번도 의심해 본 적 없었죠. 몰랐어요. 난 내가 '벌레'
라는 것을"(노래, 나는 반딧불 중에서/중식이). 노래 가사처럼 고흐는 별이 되길 꿈꾸
었지만, 생전 벌레 취급을 받고 살았다. 죽고 나서야 별이 되었다. 이젠 괜찮아! 너는
눈부시니까.

파이프를 물고 귀를 싸맨 자화상 1889.1 51×45cm 캔버스에 유화

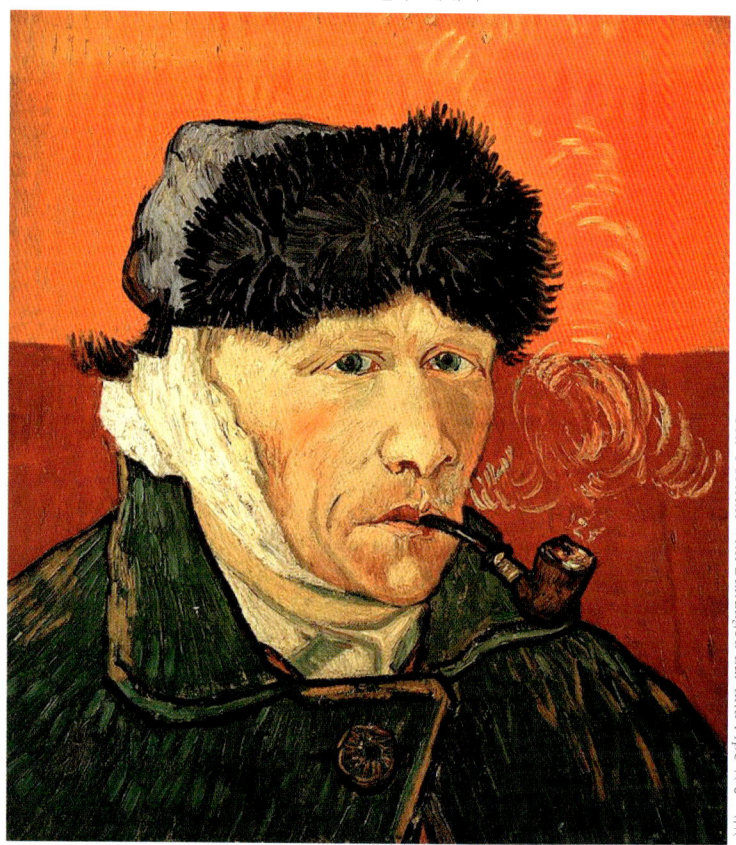

Self-Portrait with Bandaged Ear and Pipe 개인 소장

작가의 말 ....

1888.12.23. 고흐와 폴 고갱은 작품에 대한 논쟁 끝에 심하게 다투며 고갱을 면도칼로 위협했다. 불안정한 정신 상태였던 고흐는 절망 속에 본인의 귀를 잘랐고 그것을 한 창녀에게 주었다. 그는 동생인 테오를 안심시키기 위해 이 자화상을 그려 편지와 함께 전달했다. 그림의 파이프는 고흐가 평소 즐겨 사용했던 물건으로 내면적 안정이나 생각에 잠긴 모습을 상징할 수 있다.

고갱에게

내 귀는 은하수

오작교를

항상 그리워 한다

....

위 시의 구조는 장 콕토의 시 「소라껍질」 전문을 참고 하였디. 고흐가 가장 괴로울 때는 아무도 자기 말에 귀를 기울여 주지 않는다고 여길 때였다. 그가 고통 속에서 고갱에게 보여주고 싶던 것은 귀를 열어달라는 신호였을까.

팔레트를 든 자화상 1889 51×45cm 캔버스에 유화

Self-Portrait with Palette 오르세 미술관

테오에게

나는 오늘 자화상을 하나 그렸다. 이곳에서 나 자신을 다시 되돌아보는 데 도움이 되었으면 했어. 나는 여전히 화가이고 싶어. (1889.9)

物감을 마신 고흐

색다른 눈으로 세상을 보았더니

사람들은 나를 돌았다고 했다

나는 여전히 화가고 싶다

작가의 말

1년 동안 고흐는 네 차례 발작했다. '팔레트를 든 자화상'은 고흐가 물감을 삼켜 음독 자살을 시도한 뒤 깨어나서 그린 그림이다. 고흐의 두 눈은 쓸쓸하면서도 슬퍼 보인다. 뺨은 홀쭉해져 야윈 모습이다.

수염 없는 고흐 자화상 1889.9 40×31cm 캔버스에 유화

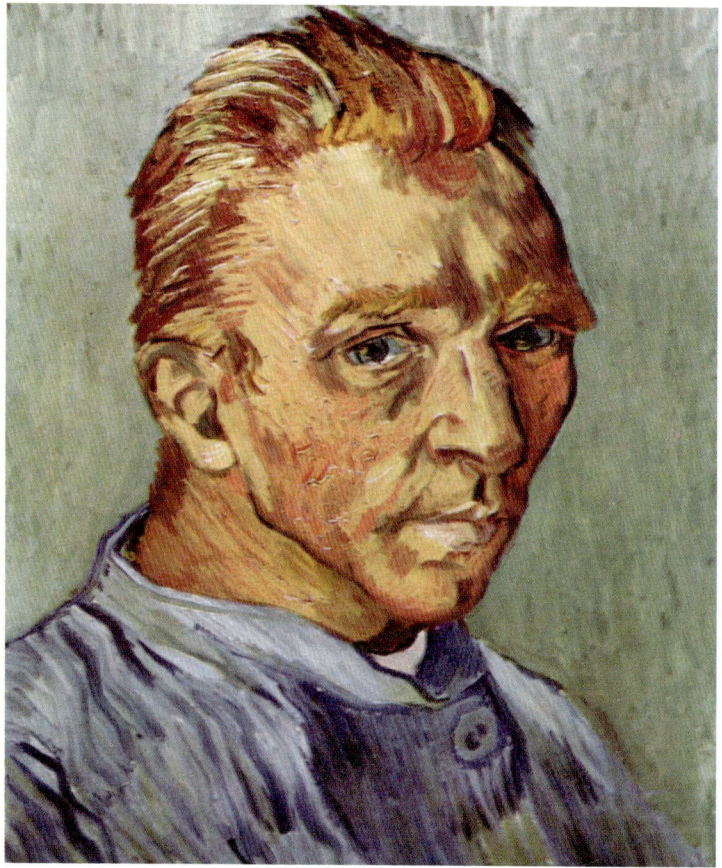

Self-portrait without beard, end Septembe 개인 소장

테오에게...

　내 모습을 그리는 일은 나 자신을 다시 보는 일이기도 하지. 때로는 병적인 내 감정을, 때로는 잠시 평온한 순간을 잡아내고 싶다. 나는 나 자신을 담은 그림 하나를 어머니께 보내드릴 생각이야. 아마 이 그림은 내가 괜찮아졌다는 걸 보여드릴 수 있을 거야. (1889.12)

수염을 자른 고흐

코끝에 거품 향 날리면

날이 지나고 날이 사라진다

날 없는 얼굴이 새롭다

작가의 말 ....

40여 편의 고흐 자화상 중 수염이 없는 모습은 거의 볼 수 없다. 이 자화상은
고흐가 어머니에게 보낸 그림으로 건강해진 자신의 모습을 보여주고 싶었을 것이다.
위 시에서 하나의 날은 칼이고, 또 하나의 날은 털이다.

맺음말

프랑스 오베르쉬르우아즈에 있는 고흐와 그의 동생 테오 무덤

고흐는 동생 테오가 결혼을 하고 아이까지 생기자 경제적 지원이 어려울 것이라고 생각했다. 힘든 순간에도 그를 지켜주었던 최후의 방어선이 무너진 셈이다.

고흐는 37세에 스스로 생을 마감했고, 사랑하는 테오의 품에 안겨 최후의 순간을 맞았다. 동생 테오도 건강 악화로 고흐가 죽은 지 6개월 만에 33세의 나이로 세상을 떠났다. 테오 아내 요안나는 두 형제가 주고받은 수백 통의 편지를 읽고 감명을 받아 고흐 그림을 세상에 알리는 일에 발 벗고 나섰다. 이후 고흐의 서간집을 발간했고, 테오의 무덤을 고흐 무덤 옆으로 옮겨주면서 하나의 덩굴을 두 무덤 사이에 심어주었다. 형제는 마치 '우리는 하나'라는 운명공동체처럼 보인다.

우리가 예술가들을 경외하는 이유는 작품에 대한 뛰어난 재능만이 아니다. 고흐라는 화가가 세상에 알려지게 된 것은, 그림의 명성도 있지만, 그가 고난을 극복하면서 자신의 삶을 일에 바쳤다는 사실이다. 그리고 동생 테오의 헌신, 그리고 테오의 아내 요안나 봉거르의 적극적인 작품 알리기에 있었다고 볼 수 있다. 고흐는 평생 고독했지만, 그는 결코, 패배하지 않았다.

누구에게나 신의 한 수는 있다. 이는 '나만의 무엇'이며 '천부적인 기질'이다. 또 어려운 시기를 겪은 후 얻은 소중한 산물이다. 고흐는 테오에게 "최악의 상황에도 내 그림들은 남아 있을 것이다. 나는 그림을 위해 목숨을 걸었고, 그것 때문에 반쯤 미쳐 버렸다"(1890.7)고 말했다.

고흐는 당시의 화풍이나 화가들에게는 인정받지 못했다. 독특한 영혼을 소유하였고, 그런 부분이 작품으로 승화되었기 때문이다. 고흐는 멸시와 미치광이 소리를 들으면서도 언젠가는 반드시 인정받으리라는 확신이 있었다.

우리는 시나 그림을 읽을 때 그 내면을 읽어내기가 쉽지 않다. 그 작품 내면에는 작가의 독특한 영혼이 숨 쉬고 있고, 은유나 상징 같은 장치들을 사용하기 때문이다.

시를 읽을 때는 의미를 분석하기보다는 감정과 분위기를 먼저 느껴 본 후 그 속에 밝음, 어두움, 차가움, 따뜻함 같은 감정을 느껴본다. 그리고 자신의 경험과 감정을 떠올려보고 이 작품이 내 삶과 어떻게 연결되어 있는지 생각해 본다. 작가의 의도보다는 내 느낌이 중요하기 때문이다.

구스타프 밀러는 "음악에서 가장 중요한 것은 악보에 기록되어 있지 않다"라고 말했다. 보이는 것이 다가 아니다. 그림과 시를 읽을 땐 주의 깊게, 반복해서 그리고 한 발짝 떨어져서 내면에 감춰진 함축된 의미를 들여다보아야 한다.

"인생은 짧고, 예술은 길다" (히포크라테스)
고흐의 화가 생활 10년 여정을 시(詩)와 함께 해주셔서 감사합니다.

독자 노트

시는 독자가 완성하는 또다른 공간입니다.

오늘의 날짜 : _____

나의 생각

_____

_____

_____

_____

_____

마음에 남은 구절

독자 노트

시는 독자가 완성하는 또다른 공간입니다.

오늘의 날짜 : _____

나의 생각

_____

_____

_____

_____

_____

마음에 남은 구절

독자 노트

시는 독자가 완성하는 또다른 공간입니다.

오늘의 날짜 : _____

나의 생각

_____

_____

_____

_____

_____

마음에 남은 구절

독자 노트

시는 독자가 완성하는 또다른 공간입니다.

오늘의 날짜 : _____

나의 생각

_____

_____

_____

_____

_____

마음에 남은 구절

서상윤 시집

반 고흐의 그림을 시로 읽다

발 행 일   2025.10.1
지 은 이   서상윤
편   집   박인숙
디 자 인   이지영
펴 낸 곳   도서출판 유니북스
주   소   대전광역시 유성구 대학로 27 1201호(봉명동, 유성현대리조텔)
전화번호   042)826-5969
전자우편   519984@hanmail.net
공 급 처   예스24, 교보 등

ISBN 979-11-989793-8-4(03810)
값 20,000원

 이 도서는 2025년 문화체육관광부의 '중소출판사 성장부문 제작지원' 사업의
지원을 받아 제작되었습니다.